Dino Oberle

Laminat und Parkett

Dino Oberle

Laminat und Parkett

richtig einkaufen, professionell verlegen, dauerhaft pflegen

116 Farbfotos

10 Zeichnungen

Vorwort

Ein gemütliches zu Hause, wer möchte das nicht. Ein Holzfußboden gehört für viele einfach mit dazu. Holzfußböden haben auch gegenüber Teppichböden große Vorteile für Allergiker. Was aber machen, wenn man noch keinen entsprechenden Boden hat. In diesem Buch wird Ihnen erklärt, wie leicht das Verlegen eines neuen Fußbodens ist ohne teure Handwerkerkosten. Wichtig dabei ist die richtige Verarbeitung, um nicht im nachhinein böse Überraschungen zu erleben. Vom Heraussuchen des richtigen Belages über die Vorbereitung, Verarbeitung, kleine aber feine Designvarianten wie z. B. eingelassene Beleuchtungselemente bis hin zur richtigen Pflege gibt Ihnen dieses Buch eine Schritt-für-Schritt-Anleitung.

Aber nicht nur die richtige Verarbeitung des Bodenbelages ist wichtig, sondern auch die richtige Auswahl der dazu benötigten Werkzeuge. Welche Hand- und Elektrowerkzeuge benötige ich für meine Arbeit? Es müssen nicht immer die größten und teuersten sein, manchmal kann es aber durchaus Sinn machen, ein paar Euro mehr zu investieren. Was gibt es überhaupt auf dem Markt und welches ist die richtige Auswahl für mein Projekt? Wie setze ich die Werkzeuge richtig ein und was für ein Zubehör benötige ich zu meiner Maschine? Gerade bei Sägeblättern ist die Auswahl riesengroß und beeinflusst in großem Maß das Arbeitsergebnis.

Was ist, wenn ich bereits einen alten schönen Naturholzfußboden besitze, welcher aber alt und unansehnlich geworden ist? Wie kann ich ihn wieder aufbereiten, was für Maschinen werden dafür benötigt und wie sind die einzelnen Arbeitsabläufe bis hin zur Versiegelung? Auch dieses Thema wird Schritt für Schritt erklärt und ausführlich behandelt.

Und nun viel Spaß beim Lesen und vor allem Freude mit Ihrem neuen Fußboden.

Mannheim, im Winter 2011   Dino Oberle

Was Sie über Laminat und Parkett wissen sollten

Die gemeinsamen Vorteile von Laminat- und Parkettfußböden bestehen in der leichten Verlegbarkeit. Durch die heutigen Einrastsysteme und die so genannte schwimmende Verlegung ist ein einfaches Verlegen ohne Verklebung auch für den Laien möglich. Trotzdem sollte man sich im Vorfeld damit befassen, welche Vor- und Nachteile Laminat- bzw. Parkettböden besitzen, um die richtige Auswahl treffen können.

Laminat

Laminat ist in Deutschland ein inzwischen weit verbreiteter Bodenbelag. Es hielt erstmals in den siebziger Jahren Einzug in deutsche Wohnzimmer und hat sich seither rasant verbreitet. Den Erfolg dieses Bodenbelags mit sehr guter Holznachahmung hat damals sicherlich noch niemand voraussehen können. Ausschlaggebend dafür waren Robustheit und ein gutes Preis-Leistungs-Verhältnis. Auch heute noch sind Laminatböden die günstigere Alternative zu Parkettböden, sofern man sie in der selben Qualitätsstufe vergleicht. Seit den Siebzigern hat sich nämlich einiges in diesem Bereich getan. Prinzipiell machen Laminatböden heutzutage so gut wie alles mit, trotzdem ist Laminat nicht gleich Laminat.

Zunächst sollte man darauf achten, dass der Boden Idealerweise keine chemischen Bindemittel, PCB, Dioxide oder PVC beinhalten sollte. Ihr Fachberater sollte diese Fragen beantworten können.

Gutes Preis-Leistungs-Verhältnis

Laminat Nussbaum Akzent (HARO)

Laminat ist grundsätzlich ein dreischichtig aufgebauter Bodenbelag. Die oberste Schicht besteht aus einem Dekor mit einer entsprechenden Deckschicht. Dieses Dekopapier gibt es inzwischen nicht nur in allen möglichen Holzdekoren, sondern man kann damit alle erdenklichen Böden nachahmen. Es gibt Grasdekor (sehr schön z. B. für Wintergärten) bis hin zu Fliesenimitaten und auch die verschiedensten Größen und Breiten passend zum Dekor. So haben z. B. Fliesennachbildungen die Maße einer echten Fliese und Holznachbildungen eher schmale und lange Maße.

Die **oberste Schicht**, auch Overlay genannt, besteht normalerweise aus einem widerstandsfähigem Melaminharz. Die Qualität des Dekors und des Overlays bestimmen die Optik sowie die Strapazierfähigkeit und den Einsatzbereich des Bodenbelages. Ein hochwertiger Laminatboden sollte stark belastbar sein, Möbel und selbst Absätze dürfen auf einem solchen Belag keine Druckstellen hinterlassen. Die Belastungsklassen werden in so genannte Abriebs- oder Druckfestigkeiten unterteilt. Je höher die Abriebs- oder Druckfestigkeiten, um so unempfindlicher ist die Oberfläche des Laminatbodens. Wichtig für gute Qualität ist auch eine hohe UV-Lichtbeständigkeit und Fleckunempfindlichkeit (sehr gute Böden sind sogar gegen Nagellack und Zigarettenglut unempfindlich) und eine besondere Oberflächenbehandlung gegen Feuchtigkeit. Gute Hersteller geben auf Ihre Böden sogar erweiterte Garantien (bei HARO z. B. bis zu 30 Jahre).

Verschiedene Belastungsklassen

Corkett Tigra Natur (HARO)

Drei Schichten

Die **mittlere Schicht** ist das eigentliche Trägermaterial und besteht meistens aus MDF (mitteldichte Faserplatte) oder HDF (hochdichte Faserplatte).

Die **unterste Schicht** ist zuständig für die zusätzliche Stabilisierung und wirkt dem Trägermaterial entgegen, um ein Verziehen des Bodens zu Verhindern. Meistens besteht diese Schicht aus einem harzverpressten Material.

Laminatböden haben aber auch Nachteile, welche bei der Auswahl des richtigen Bodenbelages mit in die Überlegungen eingebunden werden sollten. Es ist zwar druckunempfindlich, aber sehr stoß- und kratzempfindlich. Spitze und kantige Gegenstände, welche auf diesen Bodenbelag fallen, können daher schnell Kratzer und sichtbare Spuren hinterlassen, die nicht so leicht beseitigt werden können wie bei Parkett.

Laminat ist auch, wie eigentlich fast jeder Holzwerkstoff, sehr empfindlich gegen Feuchtigkeit. Vor allem die Fugen müssen vor Feuchtigkeit geschützt werden, damit diese nicht aufquellen. Es gibt zwar entsprechend hochwertige Versiegelungen und Imprägnierungen, welche die Gefahr des Quellens mindern, aber nicht vollständig verhindern. Ist ein Boden erst mal aufgequollen, hilft nur noch das Entfernen und neu Verlegen der beschädigten Stellen.

Laminat bezeichnet man auch als hellhörig, da der Tritt- und Raumschall entsprechend hoch ist. Gerade in mehrstöckigen Gebäuden kann dies für den „Untermieter" unangenehm bis nervig werden. Den Trittschall kann man aber durch eine entsprechende Trittschalldämmung minimieren. Daher sollte man sich intensiv mit dem Thema der Trittschalldämmung auseinander setzen.

Parkett

Parkett ist der klassische Holzboden. Seit es diese Böden auch für die schwimmende Verlegung und mit Einrastsystemen gibt, entfällt das Verlegen mit Leim und Verspannen der einzelnen Elemente, was man eher einem Fachmann überlassen sollte. Die neuen Systeme sind selbst für den Laien problemlos zu verlegen.

Ein Parkettboden aus massivem Hartvollholz ist heute eher selten und sehr teuer, weswegen die heutigen Parkettfußböden üblicherweise aus einem mehrschichtigen Aufbau bestehen. Das Mehrschichtparkett gibt es seit Ende der dreißiger Jahre. Durch den Mehrschichtaufbau (meist drei Schichten) wurde die schwimmende Verlegung erst möglich, da sich dieser Boden nicht mehr so leicht verziehen kann und nicht mehr

Mehrmaliges Abschleifen möglich

verklebt werden muss. Die oberste **Deckschicht** besteht aus dem eigentlichen Holzdekor. Im Gegensatz zu Laminatböden besteht diese Schicht aus Echtholz und kann daher bei Beschädigung und Alterung nachbearbeitet und ausgebessert werden. Ebenso ist ein mehrmaliges Abschleifen (wie oft ist von der Holzdekordicke abhängig) und Neuversiegeln möglich. Außerdem schont diese Methode Ressourcen, da nicht soviel Hartvollholz verarbeitet werden muss. Der optische Unterschied von einem hochwertigen Fertigparkett zu Vollhartholzböden ist nach dem Verlegen von einem Laien nicht zu unterscheiden.

Die Oberfläche ist bei Fertigparkett auf verschiedene Art und Weise

Stäbchenparkett

Beispiel Parkettfußboden

behandelt. Die Art der Oberflächenbehandlung nimmt auch Einfluss auf die Qualität und Widerstandsfähigkeit des Bodens. Die Oberflächenversiegelungen können z. B. aus Acrylharzen, Ölen, Wachsen, mineralischen Bestandteilen etc. bestehen. Auch hier sind die Abriebs- oder Druckfestigkeiten, welche die Hersteller jeweils angeben, eine Orientierung für die Qualität und Widerstandsfähigkeit der Oberflächenversiegelung.

Die **zweite Schicht** besteht meistens aus einem günstigeren Nadelholz oder anderen Holzwerkstoffen.

Die **dritte Schicht** kann z. B. eine Trittschalldämmung sein oder aus demselben Holz bestehen wie die Deckschicht.

Seit Mitte der siebziger Jahre gibt es auch 2-Schicht-Parkett. Dieses muss aber vollflächig verklebt werden und ist daher nicht ganz so leicht zu verarbeiten wie das schwimmend zu verlegende Mehrschichtparkett. Zusätzlicher Vorteil der Verklebung ist aber, dass der Raumschall verbessert wird und das Parkett aufgrund der geringeren mechanischen Belastung länger hält. Aufgrund der Verklebung mit der Oberfläche ist hier die zweite Schicht auch maßgeblich für die Lang-

Schwierig zu verlegen:
2-Schicht-Parkett

Tipp!
Qualitätskriterium zur Unterscheidung:

Man kann dies an der Verarbeitung der Lamellen nach den Jahresringen erkennen. Die Lamellen sind mit stehenden und liegenden Jahresringen versehen. Bei sehr hochwertigen Trägermaterialien wird darauf geachtet, vor allem stehende Jahresringe zu verwenden. Dadurch kann man verhindern, dass sich die Lamellen bei Feuchtigkeitseinfluss unterschiedlich verziehen, was man auf der Deckschicht durch ein leichtes Wellenbild sehen könnte.

lebigkeit des Parketts verantwortlich. Je nach Hersteller werden hier vor allem Sperr-, Nadel- oder Laubhölzer verwendet.

Die verschiedenen Trägermaterialien in der zweiten Schicht bei Parkettfußböden haben unterschiedliche Eigenschaften, welche beim Kauf bedacht werden sollten.

Sperrhölzer haben eine sehr gute Formstabilität und sind günstig in der Produktion. Allerdings sollte man bei diesem Trägermaterial darauf achten, dass das Parkett von einem hochwertigen Hersteller verarbeitet wird. Bei minderwertigen Billigproduktionen kann es dazu kommen, dass sich die verschiedenen Leimschichten im Sperrholz ablösen. Diese werden normalerweise mit einem Heißpressverfahren verpresst. Auch sollte man darauf achten, dass das Sperrholz möglichst frei von Schadstoffen ist. Auch die Art des Sperrholzes ist ein Kriterium für die Qualität, Birke bietet hierbei eine sehr gute Formstabilität.

Laubholzlamellen, meistens aus Eichenholz, werden aufgetrennt und unter der Deckschicht kaltverpresst. Dadurch wird ein Verziehen des Holzes vermieden und etwas Feuchtigkeit schadet dem Holz nicht sofort.

Nadelholzlamellen haben dasselbe Verhalten wie Laubholzlamellen, daher ist auch hier die Verarbeitung von vor allem stehenden Jahresringen ausschlaggebend.

Vorsicht!
Höhere Aufbauhöhe

Tipp!

Je enger die Jahresringe bei einem 2-Schicht-Parkett stehen, um so weniger kann es zu einem Aufquellen des Holzes kommen und um so stabiler ist die Trägerschicht, was sich allerdings auch auf den Preis niederschlägt.

Parkettböden haben aber auch gewisse Nachteile. Wie alle Holzwerkstoffe sind sie sehr empfindlich gegen Feuchtigkeit. Ein Eindringen von Wasser, vor allem in die Fugen, bewirkt ein Aufquellen des Holzes. Auch bei feuchten Untergründen kann sich das Trägermaterial verziehen und somit auf der Deckschicht ein unschönes Wellenbild hinterlassen. Auch hat ein Mehrschicht-Fertigparkett eine höhere Aufbauhöhe als Laminat, was beim Renovieren mit bedacht werden muss. Letztendlich ist es auch teurer als ein qualitativ vergleichbarer Laminatboden. Um den Parkettboden möglichst lange zu erhalten, ist eine regelmäßige und intensivere Pflege und Oberflächenbehandlung notwendig. Auch sollte man bei Räumen, welche evtl. später vergrößert werden sollen bedenken, dass ein nachträgliches Ersetzen oder Erweitern eines Parkettbodens nicht so einfach ist wie bei Laminat, da es hier zu optischen Unterschieden des Holzes auf der Deckschicht kommen kann, ganz im Gegensatz zum immer einheitlichen Foliendekor von Laminat.

Die wichtigsten Holzarten

Bei der Auswahl eines Parketthölzbodens spielt die Holzart eine entscheidende Rolle. Zum Einen trägt sie maßgeblich zur Gestaltung im Raum bei, zum Anderen haben die verschiedenen Holzarten auch ihren ganz eigenen Ausdruck. Ich befasse mich hier mit den bei uns am häufigsten verwendeten Holzarten. Letztendlich ist es aber eine persönliche Geschmacksache, welche Holzart am besten zu einem und zu seinen Räumen passt.

Eiche ist einer der am meisten verwendeten Parkettböden, da er sich durch seine zeitlose Schönheit und Eleganz sowohl dem klassischen als auch dem modernen Wohndesign anpasst. Auch trägt seine ausgeprägte Maserung zu einem individuellem Raumbild bei. Beliebt ist die Eiche vor allem durch ihre hohe Robustheit. Kaum ein anderes Holz hat eine höhere Festigkeit und Elastizität. Nicht umsonst bauten die Menschen in Europa ihre Häuser und Schiffe vor allem aus Eichenholz, da diese Holzart den verschiedenen Witterungen am besten standhielt. Weltweit gibt es ungefähr 450 verschiedene Eichenarten, weswegen dieser Rohstoff in allen mögliche Farbschattierungen angeboten wird.

Buche ist ein wichtiges Nutzholz. Die Buche hat sich in unseren Breitengraden aufgrund von Klimaveränderungen später ausgebreitet als die Eiche. Buchenholz ist ein sehr zähes und widerstandsfähiges Holz, das sich nicht hinter der robusten Eiche verstecken muss. Buche

Eiche

Parkett Eiche authentic
(HARO)

Buche

Parkett Goldbuche (HARO)

Ahorn

Parkett Bergahorn Favorit
(HARO)

Amerik. Kirschbaum

Parkett Amerik. Kirschbaum
Tundra (HARO)

Amerik. Nussbaum

Parkett Amerik.Nussbaum
Favorit (HARO)

Esche

Parkett Esche Barrique
(HARO)

ist im Gegensatz zur Eiche feiner gemasert. Es gibt sie in verschiedenen, meist leicht rosigen und helleren bis mittleren Farbtönen, was sich durch das „Dämpfen" der frisch geschlagenen Stämme während der Trocknung beeinflussen lässt.

Ahorn ist bekannt für seine hohe Elastizität, weshalb er früher das bevorzugte Holz zum Bau von Langbögen oder den Rücken von Musikinstrumenten war. Ahorn gehört zu den helleren Holzarten, wobei der Bergahorn, welcher ausschließlich in Mitteleuropa verbreitet ist, zu den beliebtesten Ahornarten bei uns zählt. Der Bergahorn ist eines der wertvollsten Edelhölzer.

Kirschbaum ist ein festes, hartes und elastisches Holz und wird gerne für den Instrumentenbau genutzt.
Das Holz hat eine sehr feine und edle Maserung und ist von goldbraun bis hin zu einem tiefen warmen Rotton erhältlich. Die amerikanische Kirsche unterscheidet sich von der europäischen Kirsche durch einen etwas dunkleren Farbton.

Amerikanischer Nussbaum ist ein edles und robustes Holz. Eine elegante Maserung sowie typische Holzfehler und Unregelmäßigkeiten geben ihm einen unverwechselbaren Charakter. Daher wird es auch gerne für den Bau von Musikinstrumenten und Schachfiguren und Möbeln eingesetzt. Das Holz ist schokoladenbraun und gelegentlich von helleren und dunkleren, fast purpurnen, Fasern durchzogen.

Esche ist ein hartes und zähes, aber gleichzeitig sehr biegsames und elastisches Holz. Daher wird es sehr gerne beim Bau von Sportgeräten, Werkzeugstielen oder Holzrädern eingesetzt. Als Parkettboden ist diese Holzart wegen ihres großen Farbspektrums von fast Weiß bis zu einem kräftigen Braun und ihrer dekorativen Maserung sehr beliebt.

Fazit

Beide Böden sind bei schwimmender Verlegung einfach und schnell selbst zu verlegen. **Laminat** ist die günstige Variante, welche auch sehr strapazierfähig gegenüber Druckbelastungen ist. Außerdem besticht es durch vielerlei Dekore, welchen keine Grenzen gesetzt sind, und einer relativ geringen Aufbauhöhe. Dafür ist es bei Beschädigung schwerer zu überarbeiten.

Parkett ist die teurere, aber auch hochwertigere Variante. Auch Parkett ist sehr strapazierfähig, aber nicht so unempfindlich gegen Druckbelastungen wie Laminat. Dafür ist Parkett bei Beschädigung und Alterung überarbeitbar und somit sehr langlebig. Parkett hat gegenüber Laminat auch eine etwas höhere Aufbauhöhe. Wer einen natürlichen und langlebigen Boden möchte, ist mit Fertigparkett mit Sicherheit gut beraten.

Tipp!

Bei beiden Böden gilt: Achten Sie auf eine gute Qualität der Fertigelemente und hohe Passgenauigkeit der Klickelemente, um lange Freude an Ihrem neuen Boden zu haben.

Böden in **Nassbereichen** müssen verklebt und gut abgedichtet werden. Solche Arbeiten sind für Laien nicht geeignet und sollten dem Fachmann überlassen werden. Ebenso die Verarbeitung von Vollholz- und Einzelstabparkettböden, welche ebenfalls verklebt werden müssen. Für den „fortgeschrittenen" Heimwerker gibt es inzwischen auch Möglichkeiten, für den Wohnbereich vollflächig verklebte Varianten zu verarbeiten.

Arbeitsvorbereitung

Tipp!

Prüfen Sie vor der Arbeit, ob wirklich alle benötigten Materialien und vor allem das richtige Zubehör, wie z. B. die richtigen Sägeblätter, gespitzter Bleistift etc. bereit liegen, um Unterbrechungen bei der Arbeit zu vermeiden.

Was muss ich vor dem Verlegen bedenken?

Zur Vorbereitung beim Bodenverlegen gehört nicht nur die Erstellung einer Einkaufsliste und das korrekte Ausmessen der Räume, sondern auch die Sicherstellung, dass die Räume überhaupt für das Verlegen eines neuen Bodenbelages geeignet sind. Zum Einen sollten Sie in einer Mietwohnung eine schriftliche Genehmigung des Vermieters einholen, da Sie durch das Verlegen eines neuen Bodens die Türen und evtl. auch die Türzargen (je nach Verlegeart) kürzen müssen und zum Anderen sind die statische Gegebenheiten (Tragfähigkeit des Bodens) zu beachten. Bei der Auswahl des neuen Bodenbelags sollte man die Empfehlungen des Herstellers für die Belastbarkeit beachten. In stark frequentierten Räumen, wie z. B. dem Flur, benötigen Sie einen widerstandsfähigeren Belag als in weniger stark frequentierten. Sind diese Punkte abgehakt und haben Sie sich für eine Bodenvariante entschieden, geht es ans Aussuchen der passenden Werkzeuge.

Die richtigen Werkzeuge

Prinzipiell ist die Auswahl der Werkzeuge an die Art des Klicksystems gebunden. Es gibt inzwischen Klicksysteme, wie z. B. die der Firma HARO, welche ohne das klassische Zugeisen auskommen. Ansonsten benötigt man aber als Grundausstattung vor allem:

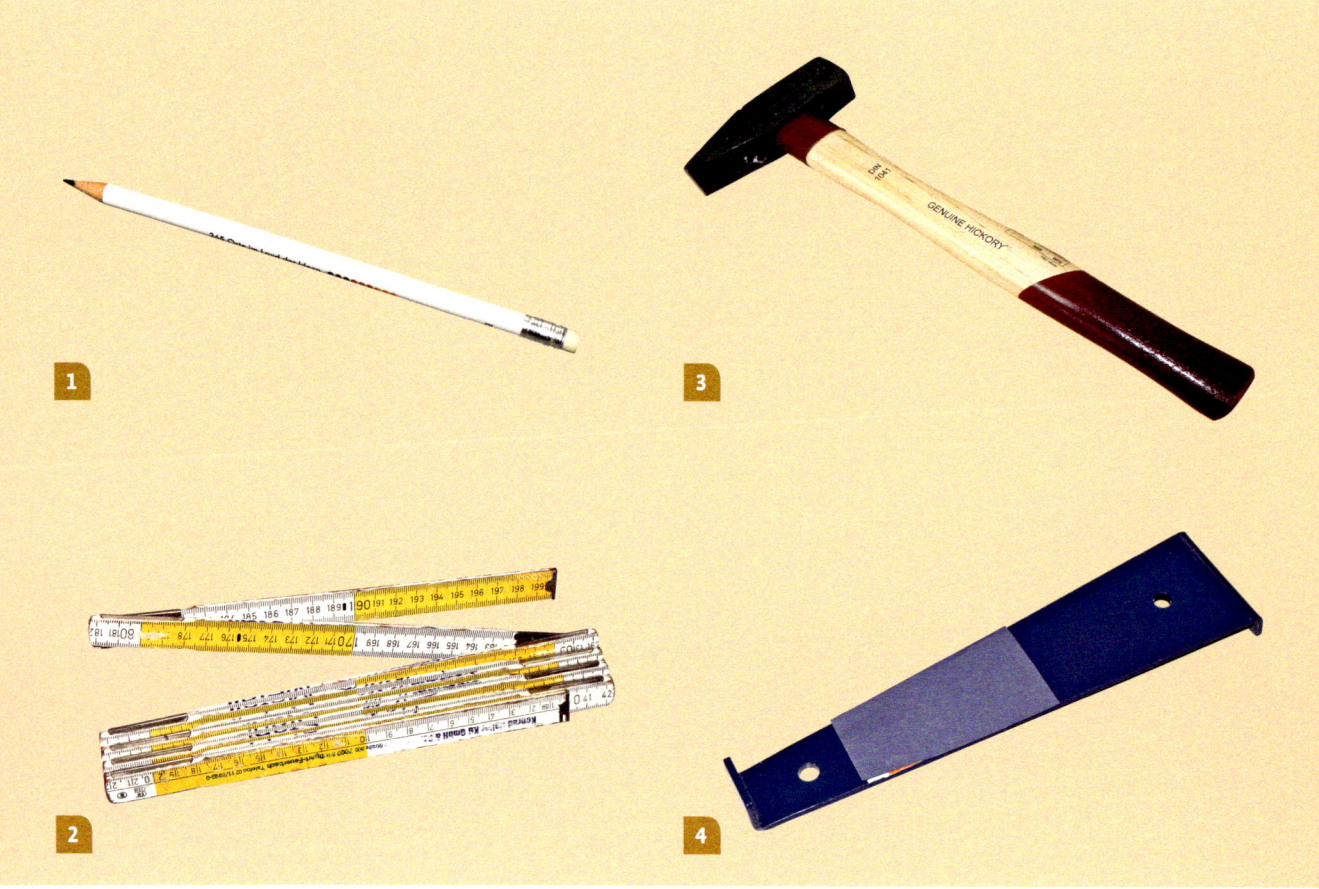

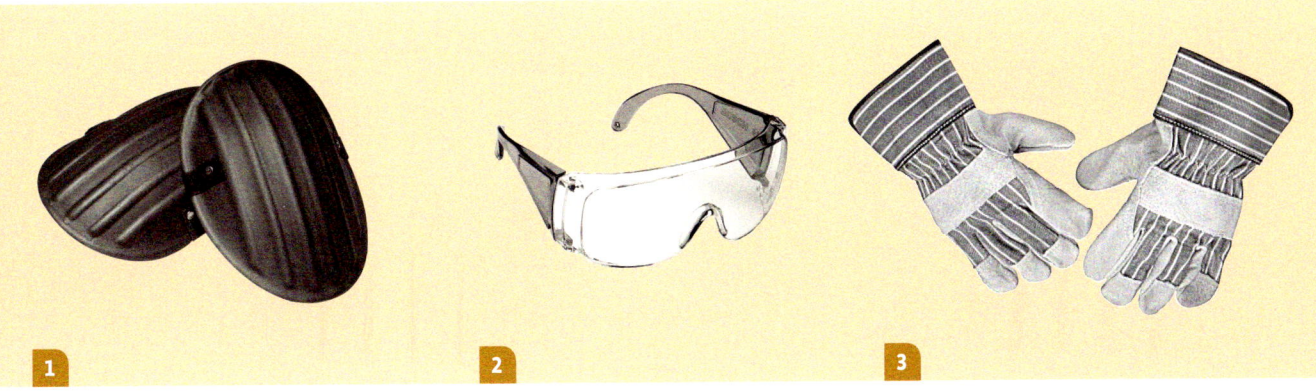

1 Knieschoner (nicht unbedingt notwendig aber hilfreich)

2 Schutzbrille
3 Handschuhe

1 Bleistift
2 Zollstock oder Laserentfernungsmesser
3 Hammer
4 Zugeisen (nicht bei werkzeuglosen Klicksystemen, wie z. B. von HARO)

5 Schlagklotz (nicht zwingend bei werkzeuglosen Klicksystemen, wie z. B. von HARO)
6 Distanzkeile
7 Laserentfernungsmesser Bosch DLE 25
8 Spezialschrauben-Set (liegen den Profilen i. d. R. bei)

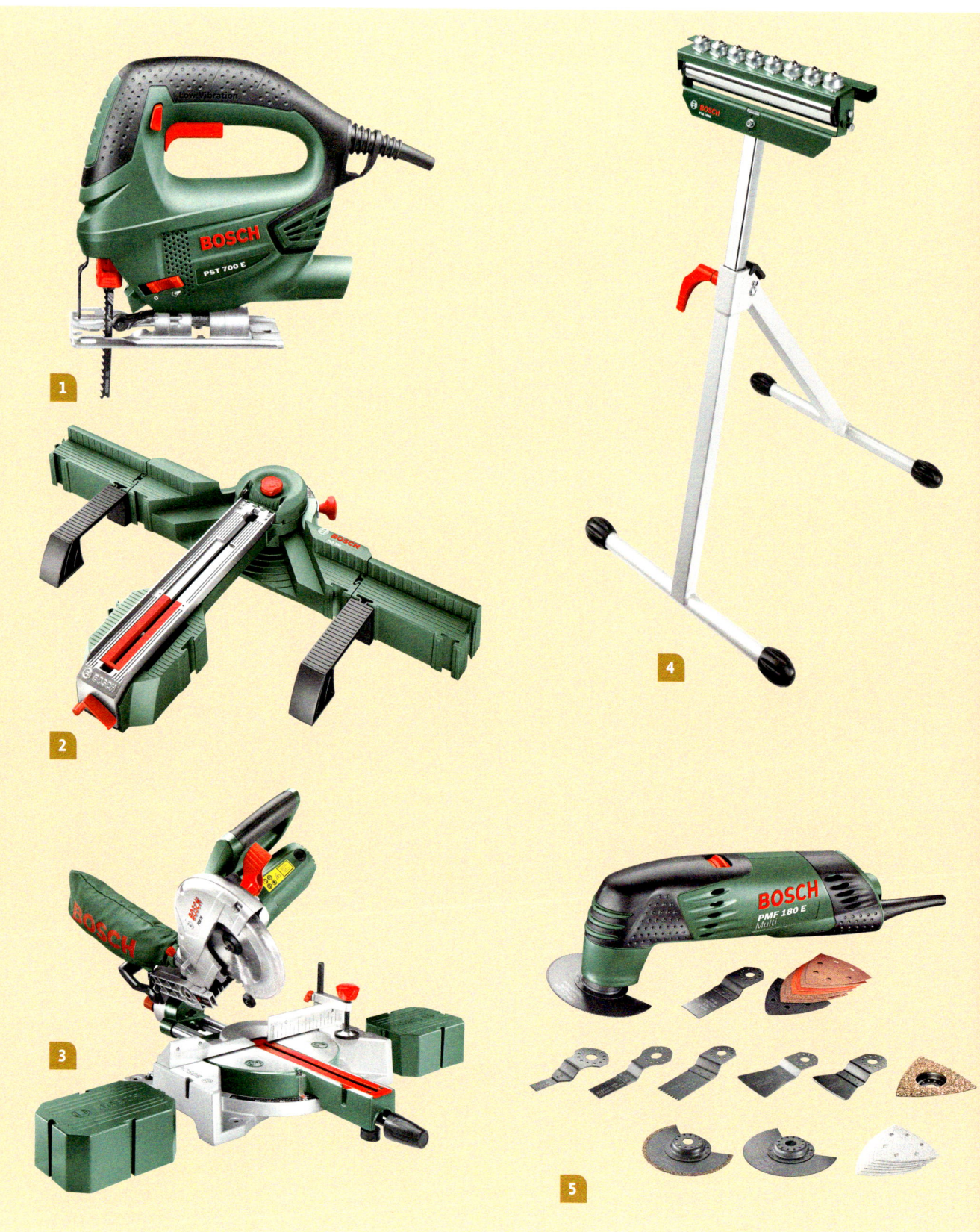

1

2

3

4

5

Arbeitssicherheit!

Achten Sie auf Ihre Gesundheit und verwenden Sie unbedingt das empfohlene Sicherheitszubehör. Vor allem die Schutzbrille ist bei Sägearbeiten auch mit der Stichsäge wichtig, damit kleine hochgewirbelte Späne nicht ins Auge gelangen können.

1 Stichsäge Bosch (PST 700 E)
2 Sägestation (Zur Führung der Stichsäge) (Bosch PLS 300)
3 Paneelsäge (Für hochpräzise Schnitte oder bei größeren Projekten) (Bosch PCM 7 S)
4 Auflage Bosch PTA 1000 (in Verbindung mit PCM 75)
5 Feinschnitt- oder Oszillationssäge (Zum Einsägen des Türstocks) (Bosch PMF 180 E)
6 Kreissäge (Zum Ablängen der Türen) (Bosch PKS 66 AF)
7 Akkuschrauber (Bosch PSR 7,2 LI)
8 Schlagbohrmaschine (Bosch PSB 700 RCA)

Tipp!

Beim Ermitteln des Materialbedarfs ist es hilfreich, sich eine Grundrissskizze zu erstellen. So erkennt man relativ schnell, wo, z. B. wegen Türen keine Sockelleisten benötigt werden oder wie viele und was für Profile für die Räume zu kaufen sind. Zeichnen Sie dabei auch Rohrführungen von Heizungen mit ein, um gleichzeitig zu ermitteln, wie viele Rohrrosetten Sie benötigen.

5–10 % Verschnitt einkalkulieren

Materialliste

Messen Sie die Fläche der Räume exakt aus, in denen Sie Parkett verlegen wollen. Das geht am schnellstens und einfachsten mit einem Laserentfernungsmesser. Diese Geräte haben i. d. R. auch eine Additionsfunktion, so dass ein Aufrechnen der Räume entfällt und Sie bequem das Endresultat ablesen können. Durch die Subtraktionsfunktion können auch Werte abgezogen werden. Dies ist besonders bei der Berechnung der umlaufenden Bodenleistenmeter hilfreich, da man hier vom Gesamtresultat der umlaufenden Wandlinien die Stellen wie z. B. Türen bequem abziehen kann. Generell berechnet man bei Fertiglaminat oder -parkett ca. 5–10 % mehr Material für den Verschnitt mit ein. Normalerweise ist der Verschnitt recht gering, da man das Reststück einer fertigen Reihe auch wieder als Anfangsstück der neuen Reihe verwendet. Allerdings sollten die Reststücke nicht kleiner sein als 40–50 cm. In Bereichen von z. B. kleinen Fluren kann es daher sein, dass die Reststücke nicht zum Ansetzen geeignet sind. Dampfsperren und Trittschalldämmungen können normalerweise ohne großartigen Verschnitt verarbeitet werden, genau so wie Bodenleisten. Bei Dampfsperren darf man allerdings nicht vergessen, die Überlappungen der Bahnen mit einzuberechnen. Sie sollten mindestens 40–50 cm betragen. Achten Sie beim Kauf Ihres Fertiglaminats oder -parketts gegebenenfalls auf Fertigungsnummern oder -datum und beachten Sie unbedingt die Hinweise der Hersteller.

Um die Passgenauigkeit und die Einfachheit des Klicksystems zu prüfen, sollten Sie in Ihrem Markt nachfragen, ob der Verkäufer Ihnen ein paar Paneele zum Testen ausleiht, damit Sie das System vor Ort ausprobieren können.

Falls Sie z. B. Beleuchtungen in den Boden einsetzen möchten, vergessen Sie nicht, entsprechendes Zubehör wie z. B. geeignetes Kabel mit zu besorgen.

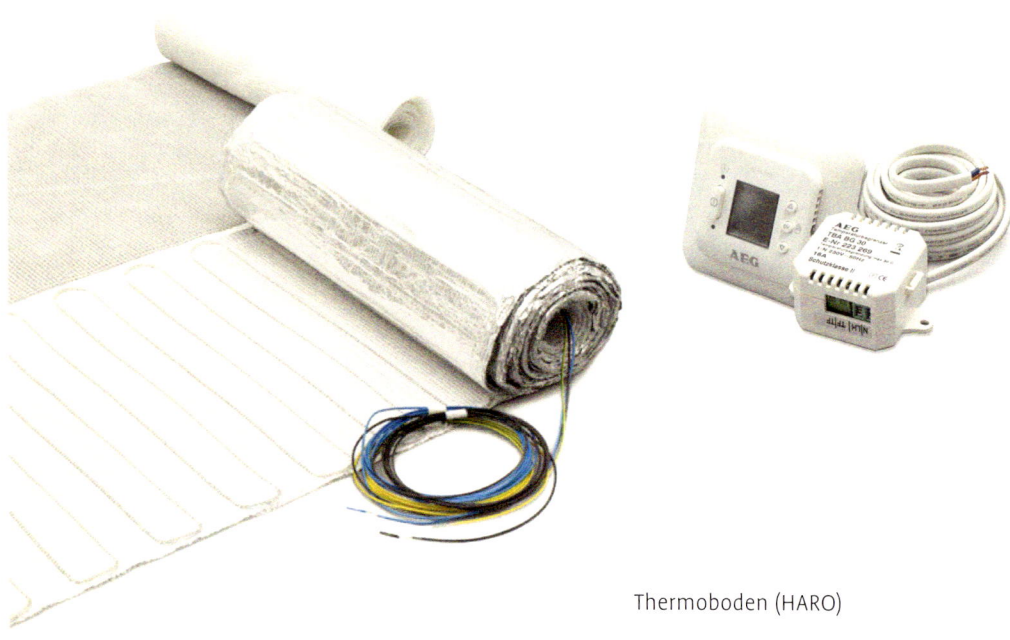

Thermoboden (HARO)

Was ist bei einer Fußbodenheizung zu beachten?

Grundsätzlich ist eine Fußbodenheizung kein Hindernis für das Verlegen eines Laminat- oder Parkettbodens. Je nach Art der Fußbodenheizung, es gibt z. B. Niedertemperaturheizungen oder auch Warmwasserheizungen, muss beachtet werden, ob der neue Bodenbelag für die jeweilige Temperatur und Fußbodenheizungsart (Thermomatten, im Boden verlegte Warmwasserrohre etc.) geeignet ist. Hier können auch besondere Regelungen was die Dampfsperre und Trittschalldämmung angeht vorkommen. Dies kann man aber im Vorfeld beim Verkäufer oder Hersteller in Erfahrung bringen.

Wer noch keine Fußbodenheizung hat, kann die Chance nutzen, einfach und schnell mit dem Verlegen eines neuen Holzbodens auch gleich eine Fußbodentemperierung einzubauen. Die Firma HARO bietet zum Beispiel einen Thermoboden an, der mit Temperiermatten direkt unter den neuen Laminat- oder Parkettboden verlegt werden kann.

Vorbereitung des Untergrundes

Vor dem Verlegen des neuen Bodens muss darauf geachtet werden, dass der bestehende Boden eben, sauber trocken und tragfähig sein muss. Ein alter Teppichboden oder andere Beläge müssen zuvor restlos entfernt werden. Zwar könnte man prinzipiell auf einem gut verklebten, ebenen und kurzfloorigen Teppichboden Paneele verlegen, ich persönlich rate aber dazu, ihn heraus zu nehmen, damit sich hier keine Milben o. ä. ansammeln können. Bei Beton-, Estrich-, Stein- oder anderen mineralischen Böden muss sichergestellt sein, dass sich keine zu hohe **Restfeuchte** mehr im Boden befindet. Dies kann vor allem bei neu gebauten Häusern passieren. Die entsprechend dem Boden erlaubten Restfeuchtewerte erfragen Sie beim Hersteller Ihres neuen Bodens. Diese Werte sollte man unbedingt einhalten, da eine zu hohe Restfeuchte den neuen Boden nachhaltig beschädigen kann. Auch Unterböden aus Holz sollten eine Restfeuchtigkeit von 17 % nicht überschreiten. Für Messungen der Restfeuchte gibt es spezielle Messgeräte, z. B. die so genannten CM-Messgeräte. Wer sich hier unsicher ist, sollte sich ein solches Gerät beschaffen (evtl. ausleihen) oder einen Fachmann zu Rate ziehen.

Auch **Unebenheiten** von mehr als 2–3 mm auf 1 m² Bodenfläche müssen zuvor fachgerecht ausgeglichen werden.

> **Tipp!**
>
> Unebenheiten prüft man am besten mit einer langen Richtlatte, die an verschiedenen Stellen aufgelegt wird. Wenn die Richtlatte in alle Richtungen gleichermaßen aufliegt, ist der Boden eben, ansonsten sieht man relativ schnell, ob sich Höhenunterschiede ergeben und nachgearbeitet werden muss.

> Restfeuchte beachten!

Vorbereitung der Arbeitsmittel

Die richtigen Arbeitsmittel und Geräte sind für ein exaktes Verlegen unerlässlich. Genauso wichtig ist aber auch das richtige Zubehör zu den Geräten. Ich würde sagen: Es ist sogar noch wichtiger als die Maschine selbst, da ein schönes Schnittergebnis vor allem von der Geometrie der Sägezähne abhängig ist. Bei der riesigen Auswahl z. B. an Sägeblättern ist das gar nicht so einfach.

Stichsägen und die passenden Sägeblätter

Auf jeden Fall benötigt man für diese Arbeiten eine Stichsäge. Da die zu sägenden Materialien nicht allzu dick sind, ist der Einsatz einer so genannten Pendelstichsäge nicht notwendig. Normalerweise setzt man die Pendelung bei Stichsägen dann ein, wenn das zu sägende Holz dick oder sehr hart ist. Die Pendelung kann man in unterschiedlichen Stärken verstellen, was zur Folge hat, dass das Sägeblatt mehr oder weniger stark ausschlägt, d. h. dass Sägeblatt ist bei der Aufwärtsbewegung am sägenden Material und wird dann, bevor es wieder nach unten geht, zurückgeklappt. Wieder am unteren Punkt angekommen wird das Sägeblatt wieder nach vorne geklappt und fängt erneut an zu sägen. Vorteil einer solchen Pendelung ist, dass man durch dickere und härtere Holzarten besser und schneller durchkommt. Da auch mehr Sägespäne ausgeworfen werden können und das Sägeblatt nicht ständig auf Reibung ist, beeinflusst dies zusätzlich die Langlebigkeit des Sägeblattes positiv. Allerdings reißt der Schnitt auf der Oberkante stärker

> Achtung! Bei Pendelstichsägen Pendelung unbedingt ausschalten!

Stichsäge mit Staubsaugeranschluss

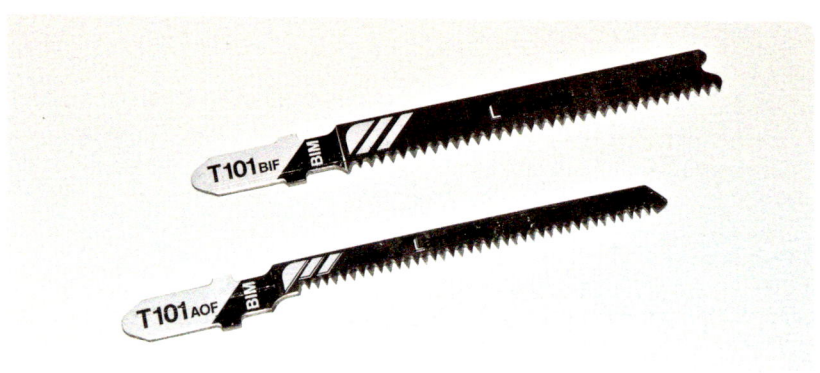

Laminatsägeblatter.
Oben: für gerade Schnitte
T 101 BIF,
unten: für Kurvenschnitte
T101 AOF

aus, weswegen bei einem feinen Schnittergebnis, wie wir es bei unserem Bodenbelag wünschen, die Pendelung unbedingt ausgeschaltet bleiben muss.

Bei der Verwendung von Stichsägen ist das Sägeblatt ebenso ausschlaggebend. Es gibt zum Sägen von Laminat und Parkett spezielle Laminat-Sägeblätter, Aufgrund ihrer dafür entworfenen Sägezahngeometrie sägen diese Sägeblatter sowohl auf der Ober- wie der Unterkante recht ausrissfrei. Auch sollte vorher klar sein, ob man mit den Sägeblättern gerade oder Kurven-Schnitte machen möchte. Die Blätter für gerade Schnitte sind breiter, um ein Weglaufen des Sägeblattes im Material zu verhindern. Spezielle Kurvensägeblätter sind viel schmäler, so dass man auch enge Radien sägen kann, z. B. um Heizungsrohre auszusparen.

Die Sägestation – ein hilfreiches Zubehör

Um die Paneele abzulängen, muss man sie normalerweise auf eine Werkbank aufspannen, das Maß abnehmen, anzeichnen und absägen. Auch hierfür gibt es ein schönes Hilfsmittel, das die Arbeit leichter und schneller macht. Bosch hat hierfür eine Sägestation mit der Bezeichnung PLS 300 auf den Markt gebracht. Diese Sägestation ist eine Führung für Stichsägen mit einer Fußplattenbreite von 67 mm (daher passen alle „grünen" Bosch-Heimwerker-Stichsägen darauf). Das Tolle an dieser Station ist, dass man mit ihr, im Gegensatz zu den handgeführten Laminatschneidern, nicht nur gerade Schnitte durchführen kann, sondern auch Winkelschnitte bis 45°. Außerdem ist es auch problemlos möglich, alle angrenzenden Arbeiten damit zu erledigen, also auch Sockelleisten und Übergangsschienen zu sägen, unabhängig vom Material, da man hierfür nur das Sägeblatt der Stichsäge auf das Passende wechseln muss. Da man diese Sägestation beliebig umbauen kann, sind auch Gehrungsschnitte bis 45° machbar. Dadurch entfällt das Kaufen von teuren Kunststoffeckteilen für die Sockelleisten, da man diese nun auch mit der Stichsäge und dieser Sägestation auf Gehrung sägen kann – und es sieht auch noch besser aus. Des weiteren kann man die Führungsschiene vollständig entfernen und nun Freihandschnitte durchführen. Interessant für das Anpassen der letzten Paneele oder das Aussägen von z. B. Heizungsrohren. Wichtig ist beim Arbeiten mit der Sägestation, die Sägeblattempfehlungen des Herstellers unbedingt einzuhalten, da nicht alle Sägeblätter in Verbindung mit der Führungsschiene verwendet werden können. Das z. B. vorher erwähnte Laminatsägeblatt wäre in Verbindung mit der Schiene gar nicht einsetzbar, da es verlaufen würde und in die Sägestation sägen könnte. Bei Freihandschnitten ohne die Schiene könnte man es wieder verwenden. Grund ist hier der Abstand zum sägenden Material, weswegen das Sägeblatt selbst zu dünn ist und daher nicht in der vorgegebenen Spur bleibt. Arbeitet man mit der Stichsäge und dem Laminatsägeblatt direkt auf den Paneelen, hinterlässt es eine saubere und schmale Schnittkante und verläuft auch nicht. Daher empfiehlt es sich beim Arbeiten mit den passenden Blättern der Sägestation, die Paneele umzudrehen, um die saubere Schnittkante später wieder oben zu haben. Falls man es mal vergessen sollte ist es aber auch nicht so schlimm, da die Sägekante im Normalfall sowieso unter der Sockelleiste verschwindet.

Tipp!

Eine saubere Schnittkante mit der Stichsäge erhalten Sie mit weniger geeigneten Sägeblättern auch, wenn Sie die Paneele von der Rückseite her sägen.

Spezielle Laminat-Sägeblätter einsetzen!

Laminatsägestation
(Bosch PLS 300)

Durch die hohe Schnittkapazität kann man mit der Sägestation z. B. auch Regalbretter sägen, da sie für eine Schnittbreite von bis zu 305 mm und einer Materialdicke bis 25 mm einsetzbar ist. Ein weiterer Vorteil der Sägestation von Bosch ist ein Zubehör, mit welchem man auch Fliesen trennen kann. Dieses Zubehörset besteht aus einer Maßskala, welche in die Station eingelegt wird, einem mit einem Hartmetall bestückten Fliesenschneider, welcher genau in die Führungsschiene der Sägestation passt und zwei Brechkegeln, um die Fliese später problemlos zu brechen. Somit kann man die Station später auch für andere Bodenverlegearbeiten verwenden. Sie ist somit nicht nur eine Investition für das eine anstehende Projekt.

Zug- und Paneelsägen

Um möglichst Präzise arbeiten zu können, gibt es verschiedene Hilfsmittel. Zunächst sollte man sich überlegen, wie viele Räume und wieviel Fläche habe ich zu verlegen. Bei größeren Flächen und wenn viel Wert auf hohe Präzision gelegt wird, kommt man um eine Zug- oder Paneelsäge nicht herum. Im Gegensatz zu Kappsägen können diese

Paneelsäge (Bosch PCM 7 S)

Unten: Rollenbock
(Bosch PTA 1000)

Sägen auf einer Stangenführung nach vorne gezogen, dort abgesenkt werden und sägen dann in der Rückwärtsbewegung auch breitere Paneele sehr präzise zu. Durch die Schwenk- und Kippeinrichtungen solcher Sägen kann man auch Gehrungs- und Winkelschnitte sehr präzise durchführen. Bei diesen Geräten gibt es große Preisunterschiede. Abgesehen von der Langlebigkeit höherwertiger Geräte sind diese auch durch die Verwendung anderer Motoren und Lager meist präziser und komfortabler in der Anwendung. Beim Kauf sollte man darauf achten, dass die Geräte mit einem Feinschnittsägeblatt ausgestattet sind, welches auch für Laminat und Parkett geeignet ist. Es gibt auch Multifunktionssägeblätter, wie das Multi Material Sägeblatt von Bosch, mit welchem auch Aluübergangsschienen genauso gesägt werden können wie Paneele und Leisten. Grundsätzlich gilt: Je mehr Hartmetallzähne das Sägeblatt hat, um so feiner wird der Schnitt. Allerdings haben auch der Schliffwinkel der Hartmetallzähne sowie deren Anordnung auf dem Sägeblatt einen entscheidenden Einfluss auf die Schnittqualität und die Art des zu sägenden Materials. Am besten lässt man sich hierbei von einem Fachverkäufer beraten. Bei langen Leisten oder Dielen kann es auch hilfreich sein, einen Rollenbock darunter zu stellen, welcher ein Abkippen des Materials verhindert.

Multifunktionswerkzeug
(Bosch PMF 180 E)

Oszillationssäge und Zubehör

Die Paneele müssen auch an die Türstöcke in der Wohnung angepasst werden. Man kann diese natürlich um den Türstock herum verlegen und die Fuge mit einem entsprechenden Fugensilikon in der passenden Farbe verschließen. Wesentlich eleganter und schöner ist es aber, die Paneele unter den Türstock zu „schieben". Dazu muss man den Türstock unten aufsägen, was im Kapitel „Wir verlegen Parkett" noch mal genauer beschrieben wird. Man kann dies mit einer Feinschnittsäge per Hand durchführen oder bequemer mit einer Oszillationssäge. Eine solche Säge schwingt in einem Winkel von ca. 1,4° nach rechts und links und kann somit sägen, ohne dass das Sägeblatt eine Abdeckung benötigt, da die Verletzungsgefahr recht gering ist. Wer schon einmal einen Gips tragen musste, kennt vielleicht die Sägen aus dem Krankenhaus, mit denen der Gips aufgesägt wurde und hatte da auch vielleicht schon die Angst „hoffentlich sägt er mir jetzt nicht in den Arm". Dadurch dass diese Säge nicht mit einer Hub- oder Rotationsbewegung sondern mit einer Schwingbewegung arbeitet, sägt sie gut auf Hartmaterialien, aber nicht auf weichen oder nicht eingespannten Stoffen. Grund ist, dass diese Materialien mitschwingen und daher die Schwingbewegung der Säge aufheben. Da die Elastizität der Haut höher ist als die

Handkreissäge
(Bosch PKS 66 AF)

Schwingbewegung solcher „Gipssägen" schneiden diese auch nicht in die Haut. Das bedeutet für unseren Einsatz, dass das Material, welches man mit einer Oszillationssäge absägen möchte, nicht beweglich sein darf, da ein Mitschwingen des Materials dazu führen würde, dass das Material schlecht oder im Extremfall gar nicht gesägt werden kann. Vorteil solcher Oszillationssägen ist, dass sie durch ihre freistehenden Sägeblätter randnahe Bereiche bearbeiten können, was mit klassischen Stich- oder Kreissägen nicht machbar ist. In unserem Fall kann man daher nicht nur den Türstock fantastisch und genau auf die Höhe des neuen Bodenbelages kürzen sondern auch Öffnungen anpassen, z. B. für Beleuchtungen, welche einen eckigen Ausschnitt verlangen, da man mit solchen Sägen direkt ins Material einstechen kann. Mit der Heimwerker-Oszillationssäge von Bosch mit dem Namen PMF 180 E, kann man durch die große Auswahl der verschiedenen Zubehöre nicht nur Holz und Nichteisenmetalle sägen sondern auch kleinere Flächen von Kleberesten entfernen. Dafür gibt es Spachtelaufsätze, mit denen das Entfernen von Teppich- oder Fliesenkleberesten keine Schwierigkeit mehr darstellt. Weitere Schneidmesser können z. B. auch bestimmte Dämmstoffe oder Silikonfugen schneiden und mit den Schleifaufsätzen kann man kleinere Ecken und Kanten ausschleifen. Die PMF 180 E ist also ein richtiges Multifunktionswerkzeug. Dieses Werkzeug gibt es auch schon als kabellose Variante von Bosch mit dem Namen PMF 10,8 LI. Gerade wenn nicht immer eine Steckdose in der Nähe ist, ist dies ein hilfreiches Werkzeug.

Feinschnittsägeblatt für Holz
(Bosch)

Kreissägen und Zubehör

Um den Raum auch wieder verschließen zu können, muss man natürlich die Tür unten absägen, da durch den Aufbau des neuen Bodens ein Höhenunterschied entstanden ist. Damit dieses optisch auch gut gelingt, empfehle ich den Einsatz einer Kreissäge. Damit geht es schnell und leicht. Beim Einsatz einer Stichsäge ist es schwierig, eine gerade Schnittlinie zu halten, selbst mit Unterstützung einer Leiste oder eines Parallelanschlages. Auch hier ist darauf zu achten, dass man ein passendes Hartmetallsägeblatt mit vielen Zähnen und ausrissarmen Schnittergebnis verwendet. Hilfreich ist hier eine Sägeschiene, welche die Kreissäge exakt über die Tür führt.

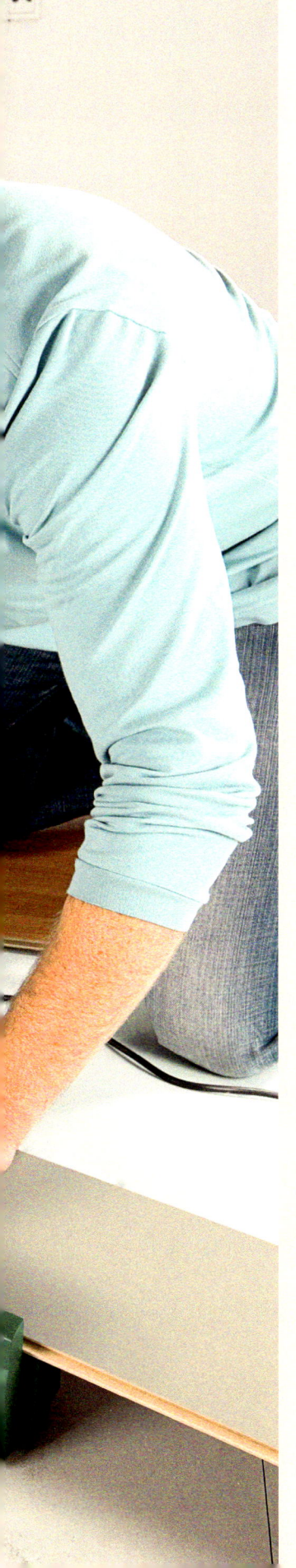

Wir verlegen Laminat und Parkett!

Egal welches Fertigparkett wir auswählen: Wir verlegen es meist „schwimmend". Die Vorbereitung der Untergründe sowie das Ausbringen der Unterlagen sind wie das Verlegen selbst bei schwimmend aufgebrachten Fertiglaminat- und Fertigparkettfußböden grundsätzlich erst einmal identisch.

Dampfsperre und Trittschalldämmung

Bei Beton-, Estrich-, Stein- oder anderen mineralischen Böden muss eine so genannte **Dampfsperre** eingebaut werden. Diese verhindert, dass Feuchtigkeit von unten aus dem Boden in das verlegte Laminat oder Parkett eindringen kann. Beachtet man dies nicht und Feuchtigkeit tritt in den neuen Bodenbelag ein, sieht man dies an einem Verformen und Aufquellen des Laminat- oder Parkettbodens. Das hätte zur Folge, dass dieser dauerhaft beschädigt wird und wieder entfernt werden müsste. Im Normalfall reicht eine min. 0,2 mm starke PE Folie, die wannenartig im Raum ausgelegt wird. Bei nicht unterkellerten Räume reicht diese PE Folie jedoch nicht mehr aus. Hier sollte man eine min. 1,2 mm starke PVC Folie als Dampfsperre verwenden. Die Folie sollte an den Übergängen ca. 40–50 cm überlappen und muss mit einem entsprechenden Klebeband wasserdicht verklebt werden. Bei einer Fußbodenheizung sollte man darauf achten, dass die Dampfsperre vom Hersteller zugelassen ist.

> Ohne Dampfsperre geht es nicht!

Als nächstes kommt die **Trittschalldämmung**, sofern diese nicht schon als festes Element auf der Unterseite ihres neuen Bodens aufgebracht ist.

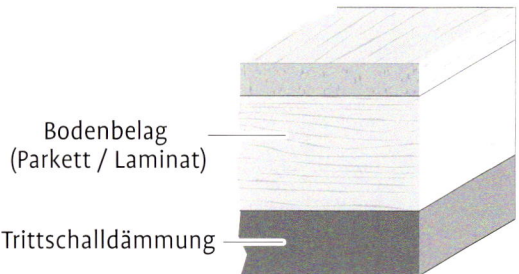

Bodenbelag
(Parkett / Laminat)

Trittschalldämmung

> Panel mit integrierter Trittschalldämmung

Ich persönlich bevorzuge eine extra Trittschallunterlage, da sie meiner Meinung nach eine bessere Trittschalldämmung ergibt und zusätzlich kleinere Unebenheiten besser ausgleichen kann. Eine solche Trittschalldämmung gibt es in verschiedenen Varianten – als Rollenware oder als Platten. Auch beim Kauf von Trittschalldämmungen sollte man darauf achten, ob diese für die Fußbodenheizung geeignet sind, sofern man eine hat. Um zu vergleichen, welche Dämmung die Wärme der Fußbodenheizung am besten durchlässt, sollte man den Wärmedurchlasswiderstand vergleichen. Dieser wird in m² K/W angegeben. Je geringer der Wert, um so besser wird die Wärme durchgelassen. Welche Verbesserungen die einzelnen Dämmunterlagen bringen, kann man an den Trittschallverbesserungswerten ablesen, die in dB angegeben werden, und den Raumschallverbesserungswerten, welche in „Sone" angegeben werden.

> Wärmedurchlasswiderstand vergleichen

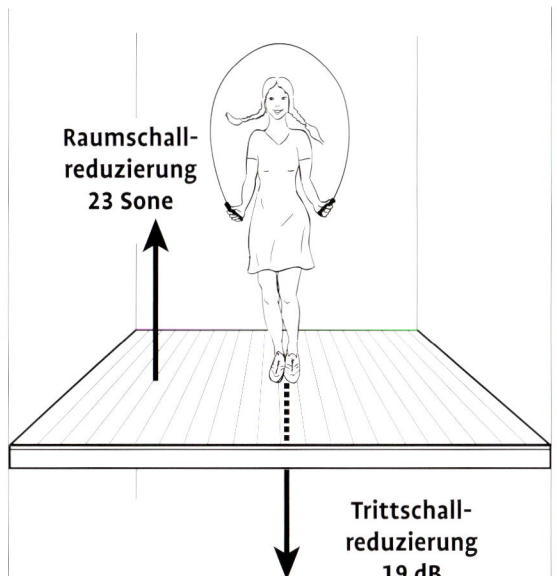

Trittschalldämmungen gibt es in unterschiedlichen Dicken und aus unterschiedlichen Materialien.

Holzfaserdämmplatten bestehen aus natürlichen Holzfasern, haben eine Dicke von ca. 5 mm und sind aufgrund ihrer kompakten Plattengröße schnell und einfach zu verlegen. Dafür sind sie i. d. R. nicht für Fußbodenheizungen geeignet und haben eine Dicke von ca. 5 mm.

Ein weitere ökologische Dämmunterlage ist **Kork**. Dieser hat ein gutes Preis-Leistungs-Verhältnis und wird normalerweise als Rollenware angeboten. Korkdämmungen sind meistens um die 2 mm dick.

Es gibt aber auch **Akustikmatten** auf Basis von Pflanzenölen und mineralischen Füllstoffen. Diese haben eine Dicke von ca. 2 mm.

Dämmunterlagen gibt es auch auf Basis von **PE Schaumstoffen**. Diese sind ca. 2 mm dick und nicht geeignet für Fußbodenheizungen und Räume mit EDV-Nutzung.

Tipp!

Dämmplatten nie direkt aneinander legen, sondern immer einen kleinen Abstand zwischen den Platten lassen. Am einfachsten kann man die Platten mit einem Lineal und einem Cuttermesser zuschneiden.

Links:
Holzfaserdämmplatte

Rechts: Korkdämmung

 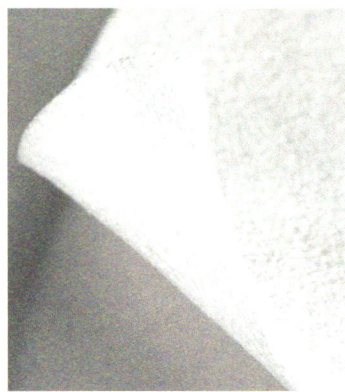 

Oben: Akustikmatte
Oben mitte: PE Schaumstoff
Oben rechts: SilentPro Matte
(Haro)

Es gibt aber auch die Möglichkeit, eine Matte zu kaufen, die gleichzeitig eine Dampfbremse und eine gewisse Trittschalldämmung aufweist. Hier gibt es verschiedene Matten, die entweder durch ihre
Füllstoffe oder durch einen mehrschichtigen Aufbau zwar keine
Feuchtigkeit durchlassen, aber zusätzlich den Tritt- und Raumschall
verbessern.

Ob man Rollenware längs oder quer zur Verlegerichtung ausbringt, ist
eigentlich nicht ausschlaggebend. Je nach Hersteller wird die eine
oder andere Methode empfohlen. Richten Sie sich also immer nach
den Herstellerangaben.

> **Tipp!**
>
> Falls es keine Angaben
> zur Verlegerichtung gibt,
> nehmen sie die Längsrich-
> tung, dann müssen Sie
> nicht so oft ansetzen.

Das Verlegen von werkzeuglosen Klick – Paneelen

Inzwischen gibt es Klickpaneele, die werkzeuglos, also ohne Zugeisen
und Schlagklotz verlegt werden können (z. B. HARO Top Connect).
Diese Systeme sind eine echte Erleichterung beim Selbstverlegen und
funktionieren einwandfrei.

> Paneele mindestens 48
> Stunden aklimatisieren

Vor dem eigentlichen Verlegen der Paneele müssen sich diese erst einmal „aklimatisieren". Dazu legt man die geschlossenen Pakete (Herstellerangaben beachten) mind. 48 Stunden in den Raum, in dem sie
verlegt werden sollen. Generell sollte man das Verlegen von Paneelen
nicht unter 18 °C vornehmen und Idealerweise bei einer relativen Luft-
feuchtigkeit von 50–70 %. Erst kurz vor dem Verlegen öffnet man die
Pakete, die sich nun optimal an das Raumklima angepasst haben.
Sind die Räume größer als 8–10 m in Länge oder Breite, muss unbedingt eine **Dehnungsfuge** eingearbeitet werden. Dies macht man am
besten, indem man an der gewünschten Stelle eine Übergangsschiene
befestigt.

> **Tipp!**
>
> Beim Festlegen der Verle-
> gerichtung sollte man
> entscheiden, wie der
> Raum wirken soll. Verlegt
> man Paneele in Längsrich-
> tung, wirkt ein Raum
> länger, verlegt man quer,
> wirkt er kürzer.

Die beste Verlegerichtung ist grundsätzlich erst einmal mit der Lichtquelle, d. h. wenn bei einem Raum der Hauptlichteinfall aus Querrichtung kommt, sollte man die Paneele ebenfalls in Querrichtung
verlegen. Dadurch reflektiert das Licht nicht so stark an den Fugen
und es ergibt sich ein gleichmäßigeres Bild.
Berechnen Sie, in welcher Breite Sie die letzte Paneelreihe später
absägen müssen. Die letzte Reihe sollte nicht schmäler als 5 cm sein,

Das Material muss an die Raumtemperatur angepasst werden

Dehnungsfuge

um noch sauber und einfach verlegt werden zu können. Falls der Abstand schmäler ausfällt, empfehle ich, die erste Reihe auch entsprechend zu kürzen.

Ringsherum an der Wand muss ein Abstand von ca. 10–15 mm eingehalten werden, damit das Holz später „arbeiten" kann. Dies kann man entweder mit Distanzkeilen oder Holzklötzchen erreichen. Verlegen Sie die Paneele direkt an der Wand ohne den vorgeschriebenen Abstand einzuhalten, werden Sie irgendwann Wölbungen und Erhebungen sehen, da die Paneele nicht „arbeiten" können und es zu Stauchungen, vor allem im Fugenbereich kommt. Ein nachträgliches Nachschneiden ist sehr aufwendig. Oft muss man die beschädigten

> Paneele müssen „arbeiten" können!

Paneele austauschen, was vor allem dann mit viel Arbeit verbunden ist, wenn sie sich in der Mitte des Raumes befinden.

Hilfe, meine Wand ist schräg?

Prüfen Sie nun die Rechtwinkligkeit des Raumes. Kleinere Abweichungen können Sie durch unterschiedliche Abstandskeile ein wenig ausgleichen. Falls die Rechtwinkligkeit des Raumes so stark abweicht, dass dies durch Abstandskeile nicht mehr auszugleichen ist, müssen Sie auch die erste Reihe der Paneele leicht schräg absägen. Dazu fügen Sie die erste Paneelreihe zusammen und zeichnen darauf den schrägen Wandverlauf auf. Dies können Sie entweder mit Hilfe eines Winkels und einer Richtschnur oder wenn vorhanden mit einem Nivellier- oder Fliesenlaser übertragen. Dann nehmen Sie die Paneele wieder auseinander und sägen sie einzeln zurecht. Danach verlegen Sie die Paneele mit Hilfe der Abstandskeile wieder und haben so die Schräge der Wand ausgeglichen.

Beginnen Sie nun mit dem Verlegen der ersten Reihe. Dazu beginnen Sie in der rechten Ecke des Raumes.

Verlegen Sie jetzt die erste Reihe bis zum Ende weiter, wobei Sie darauf achten müssen, dass die Bretter alle einwandfrei in einer Flucht liegen. Bei diesem Produkt kann man die Stirn der Paneele einfach durch Einrasten verbinden (Bildbeispiel Haro Top Connect).

Das letzte Paneel der Reihe sägen Sie nun unter Einhaltung des Abstandes von 10–15 mm zur Wand ab. Das abgesägte Reststück verwenden Sie als Anfangsstück der zweiten Reihe sofern dieses nicht kleiner als mindestens 20 cm. Optimal wären 40 cm. Ansonsten müssten Sie ein neues Paneel in der Mitte durchsägen und wieder rechts beginnend an die erste Reihe anlegen.

Legen Sie jetzt das Paneel an die Distanzkeile an und lassen Sie die Feder in die Nut des Paneels der ersten Reihe einrasten. Dazu das Paneel leicht schräg von oben in die Nut der vorherigen Reihe einführen und dann durch Herunterdrücken einrasten. Das zweite Paneel der zweiten Reihe wird nun in die Nut eingesetzt, direkt an das Erste herangeführt und durch Herunterdrücken eingerastet.

Verlegen der ersten Reihe

„Klick-Paneele". Das Prinzip
(HARO Top Connect):
a) im 45°-Winkel ansetzen,
b) herunterlassen – fertig!

Verlegen der 2.Reihe

Verlegen der letzten
Paneelreihe

Tipp!

Um die Rechtwinkligkeit eines Raumes zu prüfen, hilft der aus unserer Schulzeit bekannte Satz des Pythagoras:

$$a^2 + b^2 = c^2$$

Am einfachsten geht das, wenn Sie mit einem Laserentfernungsmesser erst zur einen, dann zur anderen Wand von einer Ecke des Raumes aus messen. Tragen Sie die beiden Ergebnisse für a und b in Ihre Gleichung ein und errechnen Sie nun den dazugehörigen Wert c, welcher dem Wert der Diagonale des Raumes entspricht. Wenn Sie nun den Winkel in „echt" messen sehen Sie, ob der Wert übereinstimmt, also der Raum rechtwinklig ist, oder nicht und wie stark der Wert vom Original-wert abweicht.

Verlegen Sie so nach und nach alle Paneele der zweiten Reihe und verfahren mit der dritten Reihe ebenso. Nach Verlegen der ersten drei Reihen sollten sie prüfen, ob die Reihen alle in der Flucht und keine offenen Fugen zu sehen sind. Verlegen Sie nun Reihe um Reihe bis Sie an der anderen Wand angekommen sind. Die letzten Paneele können Sie entweder durch Abmessen (Einhalten des Wandabstan-des mit einberechnen) und Anzeichnen anpassen, oder indem Sie einfach die letzten Paneele um 180° drehen und den Wandverlauf unter Berücksichtigung des Wandabstandes direkt auf die Paneele übertragen.

Rohrausschnitte und Türstöcke aussparen

Aus dem Boden kommende Leitungen z. B. von Heizungsrohren müs-sen an den richtigen Stellen eingesägt werden. Am einfachsten ist es natürlich, wenn die Leitungen frei stehend sind. Dann kann man die Lage der Rohre einfach anzeichnen und mit einer Stichsäge mit Kur-vensägeblatt aussägen oder mit einem Lochsägeaufsatz auf der Bohr-maschine bohren. Die Löcher sollten ca. 2–3 cm größer sein als das

Rohrrosette

Rohr, um genügend Platz dafür zu bieten, das Paneel zum Einklicken schräg anzusetzen. Normalerweise sind aber Heizungen fest eingebaut, so dass man die Paneele nicht einfach über die Rohre schieben kann. In diesem Fall zeichnet man die Lage der Rohre am Paneel an. Nun bohrt oder sägt man die Löcher ca. 2–3 cm größer als der Rohrdurchmesser aus. Vom kürzesten Abstand zur Wand gesehen sägt man das Paneel bis zu den Löchern ein, damit man es seitlich an das Rohr heranführen kann. Nachdem man das Paneel eingerastet hat, setzt man die ausgesägten Stücke ein und fixiert diese entweder mit Holzleim oder besser mit einer speziellen Fugendichtung. Diese gibt es in den verschiedenen Farben der Dekore und ist wie Silikon zu verarbeiten. Mit dieser Fugendichtung können Sie auch gleich die kleinen Spalte verschließen, welche durch das Sägen entstanden sind. Die speziell erhältlichen Laminatsägeblätter für Stichsägen sind dafür optimal geeignet, da sie relativ dünn sind und somit einen geringen Spalt zurücklassen. Zuletzt überdecken Sie die Stelle am Boden mit einer Rohrrosette.

Im Türfutterbereich gibt es generell zwei Anpassungsmöglichkeiten. Man kann die Paneele um den Türstock herum legen und die nun sichtbare Dehnfuge mit dem zuvor beschriebenen Dichtstoff auffüllen. Dies sieht aber nicht gut aus und ist nur empfehlenswert, wenn der Türstock nicht abgesägt werden darf oder kann, z. B. bei einer Stahlzarge. Ansonsten ist es schöner, den Wohnungstürstock auf das passende Maß abzusägen. Dazu legt man die Teile, welche den neuen Bodenaufbau ergeben, also Dampfsperre, Trittschalldämmung und Paneel, übereinander an den Türstock, um so das korrekte Maß zu erhalten. Nun kann man mit Hilfe dieser „Schablone" den Türstock exakt absägen. Dies macht man mit einer Feinschnittsäge. Diese ist an der einen Seite leicht gekröpft, so dass man mit ihr bündig sägen kann. Das Sägen von Hand ist natürlich mühsam und empfiehlt sich nur bei klei-

Tipp!

Wenn man die Schnitte zur Rohraussparung leicht schräg sägt, lässt sich das Stück später leichter wieder einsetzen und man kann das Rohr leichter in die Öffnung einführen.

Spezielle Laminatsägeblätter verwenden!

Unten links: Absägen des Türstocks

Unten: Eine Konturenhilfe kann sehr hilfreich sein.

Tipp!

Eine Stahlzarge kann nicht gekürzt werden. Hier muss man die Paneele um die Türzarge legen. Hilfreich ist dabei eine Konturenhilfe (erhältlich im Bau- oder Fachmarkt), welche die Form genau abgreift und auf das Paneel übertragen werden kann (siehe Seite 45).

Tipp!

Um das optimale Schnittergebnis zu erhalten, sollte man auch unbedingt die richtige Schnitttiefe an der Handkreissäge einstellen. Wenn das Sägeblatt zu weit aus dem zu sägenden Material herausragt, kann dies die Schnittqualität negativ beeinflussen.

nen Projekten. Ansonsten ist eine Oszillationssäge eine optimale Hilfe. Durch ein gekröpftes, offen liegendes Sägeblatt kann man wie mit einer Feinschnittsäge den Türstock bündig zum neuen Bodenaufbau absägen.

Auch die Türe muss dem neuen Bodenaufbau angepasst werden. Das Anzeichnen bzw. Ausmessen des abzusägenden Maßes kann in gleicher Weise geschehen wie beim Türstock. Bei der Tür sollte man aber noch ca. 3–4 mm mehr absägen, damit Beschädigungen des neuen Bodens z.B. durch kleine herumliegende Steinchen, welche von der Tür mitgenommen werden könnten, zu verhindern. Auch tragen Bürstenleisten o.ä. zur Verringerung eines solchen Risikos bei und dämmen noch gleichzeitig die Tür zum Boden hin. Am einfachsten und genauesten sägt man eine Holztür mit einer Kreissäge mit Führungsschiene ab. Wichtig ist darauf zu achten, dass die Handkreissäge mit einem hartmetallbestücktem Feinschnittsägeblatt ausgestattet ist.

Das Anbringen von Profilen und Sockelleisten

Profile

Profile gibt es in den unterschiedlichsten Materialien und Farbgebungen. Am häufigsten verbreitet sind **Aluprofile**. Die Farben reichen von klassischem Gold und Silber bis hin zu den passenden Dekorfarben des neuen Bodens.

Profile bestehen meist aus 2 Teilen. Dem Träger, welcher am Boden fixiert wird und dem Profil selbst, welches später je nach Hersteller auf den Träger aufgeclipst oder geschraubt wird.

Profile gibt es in verschiedenen Designs (alfer®aluminium)

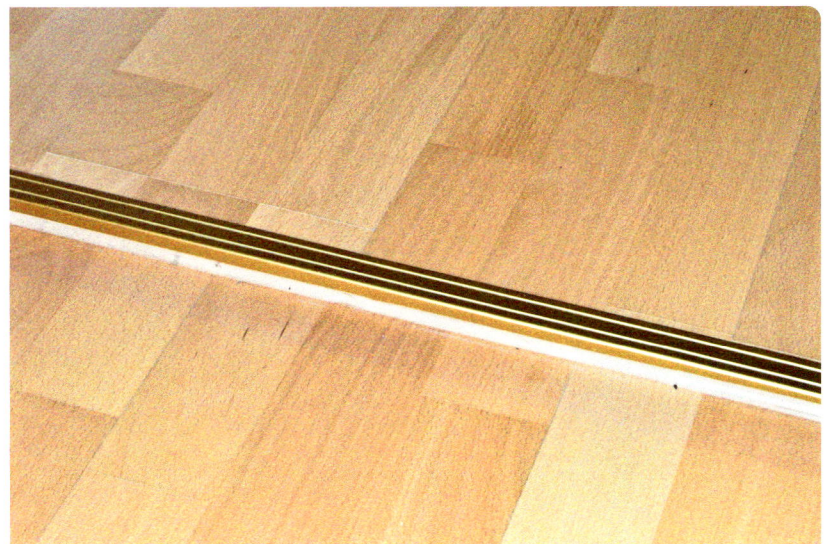

Übergangsschiene
im Türbereich.

Profile werden überall dort benötigt, wo es Raumübergänge gibt oder
die Paneele z. B. an eine Terrassentür angrenzen. Daher gibt es auch
verschiedene Arten von Profilen. Die wichtigsten sind:
Übergangsprofile verwendet man, wenn ein Übergang von zwei verschiedenen Bodenbelägen in gleicher Aufbauhöhe notwendig wird,
z. B. von Parkett auf gleich hohe Fliesen. Übergangsprofile werden aber
auch dann eingesetzt, wenn man von einem Raum in einen anderen
verlegt. Hier darf man die Paneele nicht einfach durchlegen, sondern
muss die Bodenbeläge der Räume durch ein Übergangsprofil (in Form
einer Übergangsschiene) im Türbereich trennen.
Ein weiterer Fall für die Verwendung von Übergangsprofilen sind
Räume, welche aufgrund ihrer Größe eine zusätzliche Dehnfuge benötigen. **Abschlussprofile** verwendet man dann, wo kein Übergang möglich
oder gewünscht ist, z. B. bei Terrassen- oder Eingangstüren.

Hier wurde ein Höhenniveau
ausgeglichen. Dafür nimmt
man aber besser Schienen,
die sanft abfallen.

Auch das geht. Abschluss mit Silikonfuge, die aber ab und zu erneuert werden muss.

Auch komplizierte Übergänge lassen sich optisch ordentlich realisieren.

Ausgleichsprofile werden eingesetzt, um Höhenunterschiede verschiedener Beläge auszugleichen, wenn z. B. im Anschluss an die Paneele ein Teppichboden verlegt wurde, der ein niedrigeres Höhenniveau aufweist. Solche Profile gleichen diese Höhenunterschiede aus und verhindern gefährliche Stolperfallen.
Achten Sie bitte vor dem Verlegen darauf, wie die Systeme befestigt werden. Die Trägerschiene der meisten Profile müssen nämlich angebracht sein, bevor der neue Belag an dieser Stelle verlegt wird. In der Regel werden die Trägerschienen mit dem Boden verschraubt.

Achtung! Vorsicht bei Fußbodenheizungen oder anderen möglichen „Überraschungen". Wenn man sich nicht sicher ist, sollte man den Bereich zuvor mit einem Suchgerät scannen. Die meisten Geräte können jedoch leider keinen Kunststoff orten. Alternativ kann man

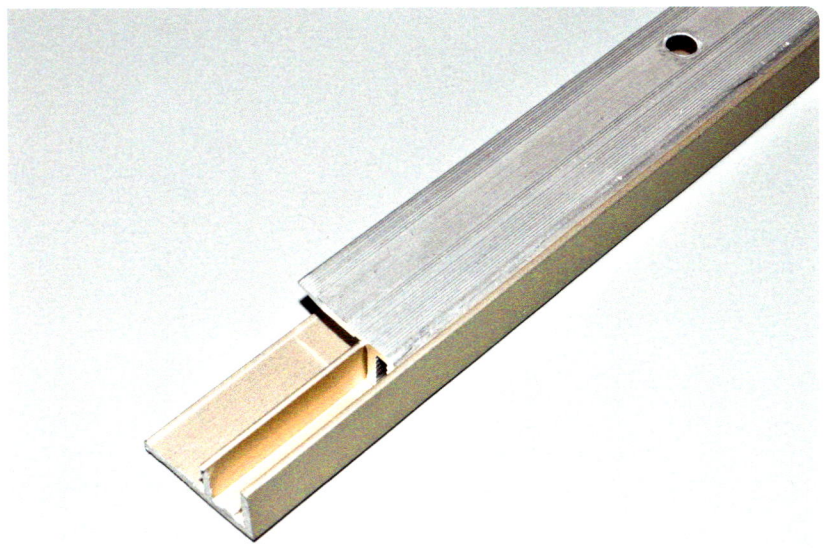

Trägerschiene
mit Aufschraubprofil.

Tipp!

In den Trägerschienen
unbedingt eine Dehnfuge
der Paneele von 5 mm mit
einberechnen.

Trägerschiene
mit Dehnfuge (Pfeil)

die Trägerschienen mit einem dafür zugelassenen Doppelklebband fixieren.

Sockelleisten

Die Hauptaufgabe ist erledigt, der Boden ist verlegt. Nun geht es daran, die Ränder mit Sockelleisten abzudecken. Die Sockelleisten gibt es von den Herstellern der Bodenbeläge in den passenden Dekoren zum Boden. An der Wand entlang über dem verlegten Boden werden nun, mit Einhaltung des vom Hersteller vorgegebenen Abstands (i. d. R. ca. 50 cm), die Befestigungsclipse an die Wand geschraubt, um darauf die Sockelleisten zu befestigen. Diese Methode geht schnell und ist vor allem unsichtbar, gegenüber der etwas archaischen Methode, die Leisten einfach an die Wand zu nageln.

Sockelleisten können aber mehr als nur gut aussehen. Es gibt z. B. auch

Sockelleiste unsichtbar montiert.

Auch praktisch: Sockelleisten mit Kabelkanal

Tipp!

Bei unebenen Wänden sollte man den Abstand der Befestigungsclipse verringern, um die Anpassung an die Wand besser zu gewährleisten.

die Möglichkeit, Kabel und Leitungen in den Sockelleisten verschwinden zu lassen. Hierfür gibt es spezielle Sockelleisten, welche die verdeckte Verlegung eines Kabels zulassen. Dadurch kann man auch noch nachträglich Leitungen z. B. für einen zusätzlichen Fernsehanschluss verlegen, ohne dass man diese Leitung sichtbar verlegen oder die Wand aufschlagen muss, um sie unter Putz zu legen. Knackpunkte bei Sockelleisten sind Ecken, um welche sie gelegt werden müssen. Dafür gibt es von den Herstellern passende Kunststoffkappen, die sich, obwohl in verschiedenen Designs erhältlich, optisch meist etwas von der Sockelleiste abheben.

Kunststoffecke

Oben: Laminatsägestation
(Bosch PLS 300)

Sockelleiste auf Gehrung
geschnitten

Hier geht es gleich mehrfach um die Ecke. Entsprechend muss die Gehrung „positiv" oder „negativ" geschnitten werden.

Tipp!

Wenn die Sockelleisten mal nicht so einfach wie erwartet in die Clipse einrasten: Einfach ein kleines Stück Sockelleiste nehmen, umdrehen und auf die Sockelleiste an der Wand auflegen. Jetzt mit dem Hammer einen kurzen Schlag ausführen. Dadurch rastet die Sockelleiste im Clip ein, ohne beschädigt zu werden.

Schöner ist es, die Leisten auf Gehrung zu sägen, um einen nahtlosen Übergang von einer zur anderen Leiste zu schaffen. Das gelingt am besten mit einer Kapp- oder Zugsäge, die auf den Winkel genau eingestellt werden kann, vor allem dann, wenn die Wände eben nicht genau 45° haben. Ein preisgünstiges Hilfsmittel für die Stichsäge ist z. B. die Laminatsägestation PLS 300 von Bosch. Diese hat einen Sägebereich, in welchem man die Sockelleiste mit Hilfe der Gehrungseinstellung der Stichsäge und der Einspannmöglichkeit in der Sägestation auf Gehrung sägen kann. Dies gelingt bei 45° recht gut, wenn man aber Winkel hat, welche von diesem abweichen, kommt man um die Genauigkeit einer Kapp- und Zugsäge nicht herum.

Das Verlegen von Klick-Paneelen mit herkömmlichem Werkzeug

Beschrieben wird hier die schwimmende Verlegung von herkömmlichen Klick-Paneelen. Zusätzlich benötigt man hier an Werkzeug ein Zugeisen und einen Schlagklotz.

Auch diese Paneele müssen sich zuerst an das Raumklima anpassen, weshalb man auch sie sich erst einmal mind. 48 Std. im Raum aklimatisieren lässt.

Untersuchen Sie die Paneele auf evtl. Beschädigungen und Farbnuancen. Beschädigte Paneele aussortieren, diese sollten nicht verarbeitet werden.

Sämtliche Vorarbeiten und die Feststellung der Rechtwinkligkeit des Raumes sind natürlich identisch mit der werkzeuglosen Verlegung. Beginnen Sie nun unter Einhaltung eines Abstandes von 10–15 mm zur Wand mit der Verlegung in einer Ecke des Raumes. Ob rechts oder links ist abhängig davon, wo sich die Feder der Stirn befindet. Beide Federn, sowohl die in Längsrichtung als auch in Querrichtung, müssen an der Wand anliegen. Wenn das Paneel mit der Feder längs an der Wand anliegt und sich die Feder der Stirn rechts befindet, beginnen Sie

„Klick-Paneele".

in der rechten Ecke des Raumes, ansonsten in der Linken. Danach legen Sie die zweite Paneele an die erste an und verbinden diese durch leichtes Schlagen mit dem Hammer auf den Schlagklotz, bis diese einrastet. Verlegen Sie so die erste Reihe bis zum Ende weiter, wobei Sie darauf achten müssen, dass die Bretter alle einwandfrei in einer Flucht liegen. Das letzte Paneel der Reihe sägen Sie nun unter Einhaltung des Abstandes von 10–15 mm zur Wand ab. Um dieses einrasten zu lassen, verwenden sie nun das **Zugeisen**. Dieses wird an die Kante des letzten Paneels angelegt und mit leichten, vorsichtigen Hammerschlägen in Richtung des vorletzten Paneels geschlagen bis es einrastet. Das abgesägte Reststück verwenden Sie nun als Anfangsstück der zweiten Reihe, sofern dieses nicht kleiner als mindestens 20 cm, besser aber nicht kleiner als 40 cm ist. Ansonsten müssten Sie ein neues Paneel in der Mitte durchsägen und wieder rechts oder links beginnend an die erste Reihe anlegen. Legen Sie nun das Paneel an den Abstandshalter an und lassen Sie die Feder in der Nut des Paneels der ersten Reihe einrasten. Hier gibt es verschiedene Systeme und Vorgehensweisen, weshalb Sie hierbei die Anweisung des Herstellers beachten müssen. Die meisten Klicksysteme werden leicht schräg von oben in die Nut der vorherigen Reihe eingeführt und rasten dann durch Herunterdrücken ein. Das zweite Paneel der zweiten Reihe wird nun möglichst nahe an das Erste herangeführt und eingerastet. Um die Verbindung mit den beiden Stirnen herzustellen, schlägt man mit dem Schlagklotz und dem Hammer vorsichtig auf die nutseitige Stirn des Paneels, bis es im ande-

> Die Arbeit mit dem Zugeisen

Tipp!

Schlagen Sie nie mit dem Hammer direkt auf die Nut der Paneele. Das kann zu Beschädigungen führen. Verwenden Sie dazu immer einen Schlagklotz. Um Beschädigungen des Paneels beim Arbeiten mit dem Zugeisen zu minimieren, kann man unter den Filzgleiter des Zugeisens zusätzlich ein Stück Karton legen.

Verlegen der ersten Reihe
(Deko Graslaminat).

Einrasten des Paneels der
zweiten Reihe

Zusammenfügen der Stirn-
flächen mittels Schlagklotz

Einsetzen des letzten
Paneels der Reihe mit Hilfe
des Zugeisens

ren Paneel einrastet. Verlegen Sie so nach und nach alle Paneele der
zweiten Reihe und verfahren Sie mit der dritten Reihe ebenso.
Nach Verlegen der ersten drei Reihen sollten Sie prüfen, ob die Reihen
alle fluchten und keine offenen Fugen zu sehen sind. Noch offene
Fugen unbedingt schließen. Dies kann entweder mit Schlagklotz und
Zugeisen erfolgen oder mit Spanngurten, die es speziell hierfür gibt.
Diese Spanngurte sind an den Enden mit gewinkelten weichen Haltern
versehen, welche einfach in die Paneele eingehängt werden können
ohne abzurutschen.
Verlegen Sie nun nach dem gleichen Verfahren die Paneele im gesam-
ten Raum. Die letzte Reihe drehen Sie wieder um 180°, um den Wandverlauf anzuzeichnen.

Fertig verlegtes
„Graslaminat"

Sonderfall Beleuchtung

Zusätzliche Akzente kann man Wohnräumen geben, indem man Beleuchtungen in den Boden mit einplant. Dadurch kann man entweder
bestimmte Raumbereiche zusätzlich ausleuchten und akzentuieren
oder auch Raumein- oder Raumübergänge begrenzen. Hierfür gibt es
von verschiedenen Herstellern die unterschiedlichsten Lichtsysteme.
Es gibt z. B. Übergangsschienen, die mit LED's bestückt werden können
oder auch sehr flache Beleuchtungselemente, die direkt in den Boden
eingelassen werden (siehe Beispiel). Außerdem gibt es auch Modelle,
bei denen man die Farben variieren kann. Auf jeden Fall sollte man
darauf achten, dass die Beleuchtungen für den Einbau in Laminat-
bzw. Parkettböden zugelassen sind.

Anzeichnen des Ausschnitts

Aussägen des Ausschnitts

Beleuchtung anschließen und einsetzen

Vor dem Verlegen des Bodens muss man die Stellen markieren, an denen man die Beleuchtungen geplant hat und sich auch Gedanken machen, wo und wie die neuen Beleuchtungen ans Stromnetz angeschlossen werden können. Moderne Beleuchtungssysteme arbeiten meistens mit LED's, welche über einen Trafo angesteuert werden. Daher muss man sich vorher überlegen, wo der Trafo letztendlich platziert wird, um möglichst unsichtbar zu sein. Je nach Dicke der Leitungen, bei LED's sind die Querschnitte eher klein, kann man die Leitungen in der Sockelleiste führen.

Die Kabel nun durch die Öffnung führen und am Ende mit dem Beleuchtungskörper verbinden. Bevor man alle Arbeiten endgültig abschließt, also noch vor dem Anbringen von Sockelleisten und Schienen, sollte man einen Funktionstest machen, da sich im jetzigen Stadium der Arbeiten die Fehlersuche noch einfacher gestaltet.

Bodenleuchte montiert

Bodenleuchte
Verwendungsbeispiel

Sofern man die Beleuchtungen nur mit den vormontierten Steckern verbinden und am Ende nur noch einen Stecker in die Steckdose stecken muss, kann man die Arbeiten selbst durchführen, sofern es der Hersteller oder der Gesetzgeber nicht anders vorgibt. In dem Moment, wo Kabel verlängert werden müssen, Steckverbindungen notwendig sind oder der Trafo direkt mit dem Stromnetz oder anderen Quellen (wie z. B. einem Bewegungsmelder) verbunden wird, ist es zwingend notwendig, diese Arbeiten von einem Fachmann durchführen zu lassen.

Der Mehraufwand wird belohnt mit einem nicht alltäglichen Aussehen des neuen Bodenbelages und den schönen Akzenten, welche man mit der richtig ausgewählten Beleuchtung erreichen kann.

Treppen und Podeste

Das Verlegen von Laminat und Parkett ist auch auf Treppenstufen möglich. Hier sollte man aber auf jeden Fall die zu verklebende Variante wählen.

Zuvor muss erst einmal geprüft werden, ob sich die Stufe für das Verlegen von Paneelen eignet. Sofern der Untergrund tragfähig und fest ist, kann man die Paneele auf fast jedem Untergrund verkleben. Bei gefliesten Treppen kann man die Fliesen auf der Treppe lassen, sofern der Aufbau mit den Paneelen dadurch nicht zu hoch wird. Allerdings sollte man gewissenhaft alle Fliesen auf festen Sitz prüfen und sicher stellen, dass sich darunter keine Hohlräume gebildet haben. Teppichboden oder andere Beläge muss man vor dem Verlegen entfernen, da hierauf der Kleber nicht haften würde.

Nun schneidet man die Paneele entsprechend der Treppengröße zu. Bei Wendeltreppen ist es eine enorme Arbeitserleichterung, wenn man sich zuvor eine Kartonschablone der Stufen anfertigt. Nun den zum Untergrund passenden Kleber ausreichend laut Herstellerangaben auf die Treppe aufbringen. Es gibt Kleber, welche Unebenheiten wie z. B.

> **Wichtig!**
>
> Die Stufen bewusst von oben nach unten oder umgekehrt verlegen, je nachdem, wo man später hin muss, da man die Stufen während der Trocknungszeit nicht betreten darf und dies je nach Kleber bis zu 48 Stunden dauern kann.

Kunststoff-Treppenleiste
zum Verkleben

ausgetretene Treppenstufen in Bereichen von 1–2 cm ausgleichen können. Ansonsten muss die Treppe zuvor geebnet werden. Die Paneele
nun in das Klebebett eindrücken und endgültig ausrichten. Passende
Winkelschienen können entweder verklebt oder verschraubt werden.
Wenn man diese verklebt, kann man diesen Arbeitsschritt direkt mit
einbinden. Bei der verschraubten Variante sollte man warten, bis der
neue Belag vollständig verklebt ist, um die Paneele beim Schrauben
nicht unfreiwillig zu verschieben.
Bei Podesten ist die Vorgehensweise ähnlich. Da es sich aber bei einem
Podest um eine größere Oberfläche handelt, kann man die Oberfläche
auch schwimmend verlegen und muss somit nur die Front verkleben
und mit Winkelschienen überdecken.

> **Tipp!**
>
> Für diejenigen, welche
> sich noch zu unsicher
> sind, gibt die DIY Academy
> www.diy-academy.eu
> bundesweit Kurse für
> Heimwerker. In diesen
> Kursen wird Ihnen von
> einem Profi von Anfang
> bis Ende genau gezeigt,
> wie das Verlegen in der
> Praxis funktioniert und
> auf was Sie achten
> müssen.

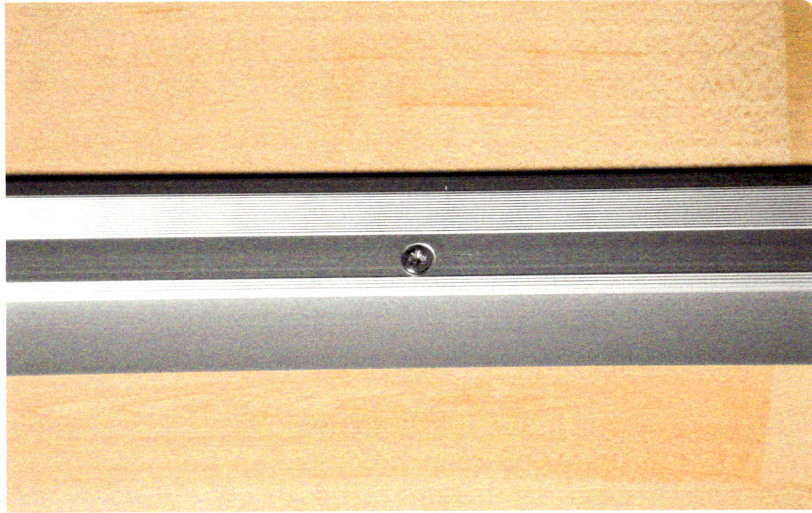

Treppenleiste verschraubt

Die vollflächig verklebte Parkettverlegung

Die vollflächige Verklebung von Parkett hat gegenüber der schwimmenden Verlegung Vor- und Nachteile, die man im Vorfeld bedenken sollte. Generell ist verklebtes Parkett aufwändiger zu verlegen, aber dafür auch langlebiger als die schwimmende Verlegungsvariante, da das Parkett nicht so stark durch mechanische Belastungen beschädigt werden kann. Ein einmal verklebter Boden ist auch nicht so leicht wieder zu entfernen. Dafür ergibt sich eine wesentlich bessere Tritt- und Raumschalldämmung als beim schwimmend verlegten Parkett. Auch das spätere Nachbearbeiten oder Abschleifen ist einfacher bei verklebtem Parkett zu bewerkstelligen und es hat eine bessere Wärmeleitfähigkeit bei Fußbodenheizungen. Verklebtes Parkett kann auch in Feuchträumen wie z. B. Badezimmern eingesetzt werden, auch in Küchen ist dies möglich. Da Feuchtigkeit und Holz eigentlich nicht so gut zusammen passen, sollte man vor allem im Badbereich diese Arbeiten von einem Fachmann erledigen lassen. Nicht nur dass der Boden hier zwingend verklebt werden muss, auch die Ränder und Fugen müssen so abgedichtet werden, dass der Boden noch „arbeiten" kann, aber trotzdem keine Feuchtigkeit eindringt. Dafür benötigt man einen Parkettboden aus Hartholz, der für den Badbereich zugelassen und entsprechend versiegelt ist. Vor allem die Fugen müssen absolut wasserdicht sein! Auch ist der Pflegeaufwand zur Erhaltung des Bodens aufwändiger als in den anderen Wohnbereichen. Hat man sich für die Variante des vollflächig verklebten Parketts entschieden, geht man in Wohnbereichen wie folgt vor:

Vorbereitung des Untergrundes

Bei der vollflächig verklebten Variante prüft man zuerst einmal den Untergrund wie bei der schwimmenden Variante auf Unebenheiten, Restfeuchtigkeit etc. wie im Kapitel zuvor beschrieben. Zusätzlich muss der Untergrund absolut rissfrei sein. Bei der schwimmenden Variante spielt dies keine große Rolle, bei der verklebten Variante müssen die Risse geschlossen werden. Alte Bodenbeläge, wie z. B. Teppich, PVC oder ähnliche Böden, müssen zuvor sorgfältig entfernt werden.
Ist der Boden nun trocken, eben und rissfrei muss auch hier eine Dampfsperre aufgebracht werden. Je nach Untergrund ist es auch oft empfehlenswert, einen Voranstrich aufzubringen. Im Falle der verklebten Verlegung nimmt man eine flüssige Dampfsperre. Diese sind leicht zu verarbeiten und aufzutragen. Achten Sie darauf, dass die flüssige Dampfsperre komplett flächenschließend aufgetragen wurde. Nun muss der Untergrund gut durchtrocknen.
Direkt auf die Dampfsperre kann nun der Parkettboden verklebt werden. In einigen Fällen empfiehlt es sich, eine zusätzliche Trittschalldämmung aufzubringen, welche natürlich ebenfalls verklebt werden und für den Aufbau eines verklebten Parketts geeignet sein muss.

Tipp!

Wenn man sich nicht ganz sicher ist, wie gut die Haftfähigkeit des Klebers auf dem Untergrund ist, kann man ihn mit einer geeigneten Grundierung vorbehandeln. Wenn zuvor schon mal ein anderer Boden wie z. B. Teppich erfolgreich verklebt wurde, kann man davon ausgehen, dass der Untergrund haftfähig ist.

Selbstklebend oder Klassisch?

Bei der Auswahl des richtigen Bodens sollte man bedenken, dass dieser Boden einen lange Zeit begleiten wird. Es gibt daher auch verschiedene Verlegemuster und Varianten, die man in seine Überlegungen mit einbringen muss.

Am einfachsten und unkompliziertesten geht die Verlegung mit **selbstklebenden Dielen** (z. B. HARO ComforTec-Dielen). Diese sind in verschiedenen Holzarten und wahlweise in Landhausdielen- oder Schiffsbodenoptik erhältlich. Durch diese Methode haben Sie die Vorteile, dass dieser Boden schnell und einfach fixiert werden kann, sofort bewohnbar ist und kein extra Kleber benötigt wird. Dies reduziert die Schadstoffbelastung und die hohen Kosten für den Kleber entfallen. Der ComforTec-Boden von HARO ist z. B. für Fußbodenheizung geeignet, hat die angenehme Akustik eines vollflächig verklebten Bodens und nur geringe optische Einschränkungen durch Abschluss- oder Übergangsprofile.

Selbstklebende Diele
(ComforTec HARO)

Schiffsbodenmuster gerade

Schiffsbodenmuster diagonal

Fischgrätenmuster

Quadratemuster

Flechtmuster

Würfelmuster

Die Vorgehensweise bei der Verlegung funktioniert wie beim Klickparkett, nur dass das Parket hierbei dauerhaft durch die Fixierung mit dem Untergrund verbunden wird.

Hat man sich für die klassische Variante entschieden, gibt es auch hier verschiedene Möglichkeiten. Die bekannteste Verlegart ist die mit Vollholz-Parkettstäben, mit denen man alle möglichen Verlegmuster erzielen kann. Diese Variante benötigt aber viel Erfahrung und sollte von einem Fachmann durchgeführt werden, da ein einmal verklebter Bodenbereich nicht mehr ohne Weiteres korrigiert werden kann. Durch die unterschiedlichen Verlegetechniken kann man sich die unterschiedlichsten Verlegmuster aussuchen. Die bekanntesten dabei sind das Fischgrätenmuster, das Flechtmuster, das Schiffsbodenmuster sowie Würfel- und Quadratmuster. Grundsätzlich sind alle Möglichkeiten gegeben, da durch die verschiedenen Anordnungen in diagonalen oder rechtwinkligen Ausrichtungen jedes erdenkliche Muster erstellt werden kann, je nachdem wie hoch der Aufwand sein darf.

Es gibt aber auch hier die Möglichkeit, mit Parkett zu arbeiten, welches bereits in Dielen- oder Würfelform in „Klick-Bauweise" angeboten wird.

Zunächst ist die Auswahl des Klebers wichtig. Hier sollte man sich auf jeden Fall durch einen Fachmann beraten lassen, um den passenden Kleber zu seinem Untergrund und Parkettboden zu erhalten. Ein Mehrschichtfertigparkett benötigt i. d. R. einen anderen Kleber als z. B. ein Vollholzdielenboden. Auf jeden Fall sollte man beim Kleber nicht sparen. Zum Einen muss er eine gute Haltbarkeit aufweisen, zum Anderen sollte er vor allem umwelt- und gesundheitsverträglich sein, um eine Schadstoffbelastung für sich und die Umwelt gering zu halten. Beim Verarbeiten unbedingt die Herstellerangaben beachten und die vorgegebenen Zeiten für Verarbeitung und Trocknung einhalten, damit der Kleber auch seine optimale Klebekraft entwickeln kann.

Beim Verlegen von verklebtem Parkett kann es hilfreich sein, die ersten drei Reihen zunächst „trocken" vor zu verlegen, um spätere Korrekturen auszuschließen. Auch hier muss man natürlich die Dehnfuge von 10–15 mm ringsherum durch passende Distanzkeile einhalten, denn auch ein vollflächig verklebter Parkettboden benötigt Platz zum „arbeiten". Die Vorbereitungen, Klimatisierung des Parketts etc., sind identisch mit den bisher besprochenen Verfahren.

Je nach Parkett beginnt man in der rechten oder linken Ecke des Raumes. Nachdem Sie auch hier die Rechtwinkligkeit des Raumes überprüft und die Distanzkeile oder die erste Parkettreihe entsprechend darauf angepasst haben, verteilt man den Kleber mit einer Zahnspachtel gleichmäßig auf dem Boden. Verteilen Sie den Kleber immer nur auf einer begrenzten Fläche, welche Sie in der Verarbeitungszeit auch bearbeiten können. Zur genauen Ausrichtung des Parketts hilft eine Richtschnur oder besser noch ein Nivellier- oder Fliesenlaser. Arbeiten Sie sehr exakt, da Ihnen nur ein kleines Korrekturfenster bleibt, nach dem die Paneele nicht mehr verschoben werden können. Ansonsten gehen Sie weiter vor, indem Sie Reihe für Reihe den Kleber aufbringen und die Paneele verlegen. Bei der letzten Reihe übertragen Sie wieder den Wandverlauf auf die letzte Paneelreihe, sägen diese entsprechend ab und verkleben sie mit dem Untergrund. Aussparungen für Rohre,

Auf den richtigen Kleber kommt es an!

Wichtig!

Achten Sie bei den Klebern darauf, ob der Hersteller einen Mund- bzw. Atemschutz empfiehlt und die Räume gelüftet werden müssen.

Parkett Fischgrätenmuster

Türen und Türstöcke kürzen und die Abschlussarbeiten mit Sockelleisten und Profilen werden genauso wie bei der vorher beschriebenen schwimmenden Verlegung vorgenommen.

Die richtige Parkettpflege

Vorbeugen – Schutz des Bodens

Gift für alle Böden, egal ob Laminat oder Parkett, ist es, wenn Möbelstücke verrückt werden. Daher sollte man diese mit geeigneten Filzgleitern versehen. Bürostühle oder Möbelstücke mit Rollen generell nur mit weichen Rollen versehen. Unter Bürostühle sollte man eine passende Schutzmatte legen, auf welcher man dann ohne schlechtes Gewissen „herumfahren" kann. Ebenso sind kleine Steinchen, wie sie von draußen mit hereingebracht werden können, oft die Ursache für kleine Kratzer im Boden. Dem kann man vorbeugen, indem man im Eingangsbereich eine entsprechend große Schmutzfangmatte auslegt und die Türen mit Bürstenleisten versieht. Blumentöpfe sollte man nicht direkt auf die Böden stellen sondern mit einem Untersetzer oder mit einem Blumenroller versehen.

Tipp!

Es schadet auch nicht, feststehende Möbelstücke mit „weicheren" Füßen zu bestücken. So kann man sie auch mal verschieben, ohne gleich Beschädigungen im Boden zu hinterlassen.

Filzgleiter

Schmutzmatte

Bodenschutzmatte

Ausbesserung des Bodens

Ist es Ihnen trotz guter Pflege einmal passiert, dass Ihnen z. B. eine Schere mit der Spitze auf Ihren neuen Boden gefallen ist oder ein Steinchen einen leichten Kratzer verursacht hat?

Für solche Missgeschicke gibt es inzwischen z. B. Reparaturmassen oder Lackstifte in der passenden Holzfarbe, die es ermöglichen, diese relativ gut auszubessern. Eine weitere Möglichkeit ist ein Hartwachs, welches es in verschiedenen Farbnuancen gibt. Um die richtige Farbe für Ihren Boden nachzubilden, wird erst der hellere Grundfarbton mit Hilfe eines Schmelzgerätes, welches so ähnlich wie ein Lötkolben aussieht, in die beschädigte Stelle getropft. Dann werden mit einem dunkleren Farbton kleine Konturen, welche die Holzmaserung darstellen sollen, nachgezogen. Wenn das Wachs getrocknet ist, kann man die Überstände entfernen und die Stelle polieren.

Reinigung und Pflege von Laminat und Parkett

Normalerweise genügt es, Laminat- und Parkettböden mit einem Mopp oder Besen trocken von nicht haftendem Schmutz zu befreien. Auch ein Staubsauger mit einer geeigneten Bodendüse ist problemlos einsetzbar und erledigt die „tägliche" Reinigung.

Wenn doch einmal stärkerer Schmutz in die Wohnung getragen wurde, reicht die **Trockenreinigung** nicht mehr aus.

Bei der **Feuchtreinigung** ist unbedingt zu beachten, dass hier weniger mehr ist. Den Boden also mit einem nebelfeuchten Tuch oder nur leicht feuchtem Wischmopp reinigen und sofort wieder schlierenfrei trocken reiben. Falls Reinigungsmittel zum Einsatz kommen, sollte man nur solche verwenden, welche auch für den Einsatz auf Laminat- und Parkettböden zugelassen sind. Auch hier bieten Hersteller wie HARO entsprechende Reiniger für ihre Böden an, welche man auch verwenden sollte, um sicher zu gehen. Generell sollte man keine Scheuermittel oder Reinigungszusätze verwenden, die Lösungs- oder Bleichmittel sowie schleifende Partikel enthalten. Auch bei Mikrofasertüchern muss man aufpassen, da sie nicht sichtbare Mikrokratzer hinterlassen können. Achten Sie auch hier auf die Angaben der Boden-Hersteller. Diese geben an, ob ihre Böden gegen Mikrokratzer beständig sind.

Alte Parkettböden aufarbeiten

Gut versiegelte Parkett- und Dielenböden haben eine sehr lange Lebensdauer. Trotzdem lässt es sich nicht vermeiden, dass man nach einer gewissen Zeit Spuren auf dem Boden hinterlässt. Diese Spuren können vielerlei Ursachen haben, wie z. B. Abnutzungserscheinungen durch stark belaufene Areale, Kratzer, Druckstellen, Farbunterschiede durch starke Sonneneinstrahlung an bestimmten Stellen des Bodens, dunkle Wasserflecken unter Blumentöpfen etc.

Selbermachen oder machen lassen?

Die Auffrischung der Versiegelung kann von einem passionierten Heimwerker mit den entsprechenden Leihgeräten und der richtigen Verarbeitungstechnik selbst durchgeführt werden. Wenn es aber um tiefe Kratzer, wertvolle alte Parkettböden, starke Beschädigungen oder dunkle, tief eingedrungene Wasserflecken geht, sollte man dies dem Fachmann überlassen. Hierfür benötigt man jahrelange Erfahrung, denn einen einmal gemachten Fehler kann man nur mit viel Aufwand korrigieren.

Maschinen und Werkzeug

Für die Überarbeitung von Parkett- und Dielenböden gibt es verschiedene Geräte, welche für die einzelnen Arbeitsschritte benötigt werden. Man unterscheidet hier zwischen **Walzen- und Bandschleifmaschinen**, einer **Triomaschine**, welche mit drei runden Scheiben arbeitet, einer **Einscheibenschleifmaschine**, welche mit einer runden Scheibe arbeitet und den **Randschleifgeräten**. Für die Bearbeitung alter Böden mit hoher Abtragswirkung verwendet man nacheinander in verschiedenen Schritten zuerst die Walzenschleifmaschine, dann die Trio- und schließlich die Randschleifmaschine.

Wenn man den Boden nur abschleifen und neu versiegeln will und keine nennenswerten Beschädigungen vorhanden sind, kann man auf die Walzenschleifmaschine verzichten und arbeitet den ersten Arbeitsgang direkt mit der Triomaschine. Die Randschleifmaschine wird aber hier dennoch benötigt.

Die Geräte und benötigten Handwerkzeuge im einzelnen:

Tipp!

Achten Sie bei ausgeliehenen Maschinen darauf, dass die Walzen, Scheiben und Laufräder keine Verschmutzungen und Beschädigungen aufweisen. Diese können beim Arbeiten hässliche Spuren hinterlassen.

Hammer

Nageleintreiber gibt es
mit unterschiedlichen
Durchmessern

Stahlspachtel

Walzen- oder Bandschleif-
maschine (Lägler Profit)

Trio (Lägler Trio)

Randschleifmaschine
(Lägler Flip)

Defekte Stellen austauschen und den Boden vorbereiten

Bevor es richtig zur Sache geht, müssen erst einmal die Sockelleisten und Profile entfernt werden. Dann kann man beginnen, den alten Parkett- oder Dielenboden auf Beschädigungen zu untersuchen. Besonders hartnäckig sind Wasserflecken, welche sich z. B. unter Blumentöpfen bilden können. Diese schwarzen Flecken dringen tief in den Holzboden ein, so dass man den Fleck mit einem oberflächlichen Abschleifen nicht wegbekommt. Hier hilft oft nur noch ein kompletter Austausch des betroffenen Paneels. Bei einem Stäbchenparkett schneidet man die betroffenen Stäbchen mit der Oszillationssäge (z. B. PMF von Bosch) heraus.

Nun schneidet man die neuen Stäbchen entsprechend der Größe der alten zu und verleimt diese mit einem geeigneten Kleber. Die neuen Stücke müssen „Press" in die alte Lücke passen und dürfen kein Spiel aufweisen. Alte Parkett- und Dielenböden wurden oft auf Holzböden verlegt und darauf genagelt. Daher muss man penibel genau auf herausstehende Nägel und Stifte achten. Diese mit dem Hammer und Nageleintreiber ein paar Millimeter im Holz versenken, damit die Maschinenwalzen und -scheiben nicht durch herausstehende Nägel oder Stifte beschädigt werden.

Ebenso müssen eventuell entstandene Fugen gefunden und begutachtet werden. Je nach Größe der Fuge muss das Schließen dieser Fugen in die einzelnen Arbeitsvorgänge mit eingeplant werden. Bei kleinen Fugen unter 1 mm können diese durch Abspachteln mit Füllstoff geschlossen werden. Dieser Arbeitsgang wird vor dem letzten Schliff durchgeführt. Sind die Fugen oder Risse größer als 1 mm, müssen diese je nach Größe mit eingepassten Holzleisten oder durch Ausspritzen mit einer in der passenden Farbe erhältlichen silikonfreien Fugendichtmasse ausgebessert werden. Wichtig ist, dass die Fugen-

Unten links: Ausschneiden defekter Stäbchen

Unten: Versenken von Nägeln

Achtung! Unbedingt silikonfreie Fugendichtmasse verwenden!

dichtmasse auf jeden Fall silikonfrei ist, da Spuren von Silikon eine Verbindung zwischen dem Holzfußboden und der Versiegelung verhindern und zum Ablösen der Versiegelung führen könnte.

Abschleifen und neu versiegeln

Beim Ausleihen der Maschinen ist es wichtig, sich eine genaue Einweisung vom Personal geben zu lassen. Viele Fehler und Beschädigungen des Bodens können z. B. durch das falsche Absenken der Walze oder Aufsetzen einer Scheibenmaschine passieren.

Am einfachsten geht das Arbeiten mit der Trio-Schleifmaschine der Firma Lägler. Gerade wenn der Boden nur neu versiegelt werden muss und kein hoher Abtrag benötigt wird, ist dieses Gerät ideal. Man erspart sich den Erstschliff mit der Walzen- oder Bandschleifmaschine, welche bei falschem Aufsetzen der Maschine oder ungleichmäßigem Fahren Spuren im Boden hinterlassen kann. Die Arbeiten mit diesen Maschinen sollte daher vorzugsweise ein Fachmann durchführen.

Bei der „Trio" handelt es sich um eine Schleifmaschine, welche mit drei Scheiben arbeitet und daher ein sanftes und nicht zu stark abtragendes Schleifergebnis liefert. Außerdem passt sie sich auch leichten Unebenheiten an und ergibt daher einen feinen und planen Schliff.

Körnung des Schleifpapiers beachten!

Egal ob mit einer Walzen- oder Bandschleifmaschine oder mit der Trio, wichtig ist immer die richtige Wahl der Körnungsfolge. Ansonsten können am Ende unansehnliche Kratzer im Boden bleiben. Die Anzahl der Schleifgänge und die Körnungsfolge hängt vom Grad der Verschmutzung und Unebenheiten ab. Je geringer der Abtrag sein muss, um so feiner kann man das Schleifmittel für den ersten Schleifvorgang wählen und um so weniger Schleifvorgänge sind notwendig. Mit der gröbsten Körnung werden die Unebenheiten und Verschmutzungen entfernt. Die weiteren Schleifvorgänge werden mit immer feiner werdenden Schleifmitteln durchgeführt und dienen dazu, die Schleifspuren der gröberen Körnungen zu entfernen.

Die gebräuchlichsten Körnungen sind:

K16   K24   K30   K40   K50   K60   K80   K100   K120   K150

Die ganz groben Körnungen von K16 – K30 werden nur bei extrem starken Verschmutzungen oder Beschädigungen benötigt. Solche Arbeiten würde ich einem Fachmann überlassen, da sich bei diesen extrem groben Körnungen Bearbeitungsfehler oft nur sehr schwer überarbeiten lassen. Bei normalen Verschmutzungen und Beschädigungen beginnt man mit Körnung 40 oder 50. Bei Walzen- oder Bandschleifgeräten sollte man nicht mehr als max. 1 Körnung überspringen, bei der Trio sogar mit allen Körnungen der Reihe nach Schleifen, bis das gewünschte Ergebnis eintritt. Beachtet man dies nicht, ist das Entfernen der gröberen Schleifspuren im schlimmsten Fall gar nicht oder nur mit hohem Aufwand möglich. Daher ist es sinnvoll, mit dem ersten Schleifgang möglichst klein zu beginnen, um auch die Schleifspuren so klein wie möglich zu halten und weniger Schleifvorgänge insgesamt durchführen zu müssen. Saugen Sie den Boden zwischen den Schleifvorgängen regelmäßig ab, um Kratzer durch herumliegende Partikel zu verhindern.

Tipp!

Ich empfehle während der Arbeiten mit Schuhüberziehern zu arbeiten, um eventuelle Sohlenspuren zu vermeiden.

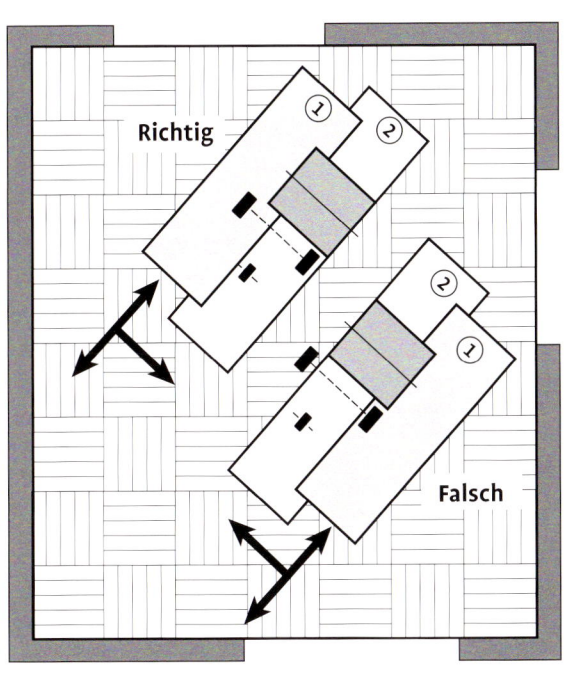

Schleifrichtung

① Erste Schleifbahn   ② Zweite Schleifbahn

Wenn man sich wegen der starken Beschädigungen im Parkett doch entschieden hat, mit einer Walzen- oder Bandschleifmaschine die ersten Schleifvorgänge durchzuführen, sollte man folgenden Punkt beachten:

Es sollte immer von rechts nach links geschliffen werden. Dadurch läuft das Rad immer auf der geschliffenen Fläche, der Boden wird ebener und es werden Wellenbildungen verhindert.

Eine Schleifbahn entspricht einem Vorwärts- und einem Rückwärtsschritt auf derselben Spur ohne Versatz der Schleifwalzenbreite. Der Schleifbahnversatz sollte 85 % der Schleifwalzenbreite nicht überschreiten. Der Richtungswechsel vom Vorwärts- zum Rückwärtsschliff sollte in den lichtarmen Bereichen des Raumes liegen. Achten Sie beim

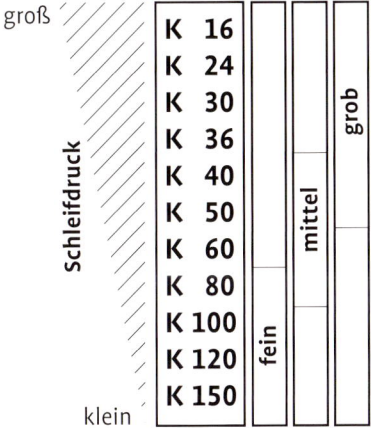

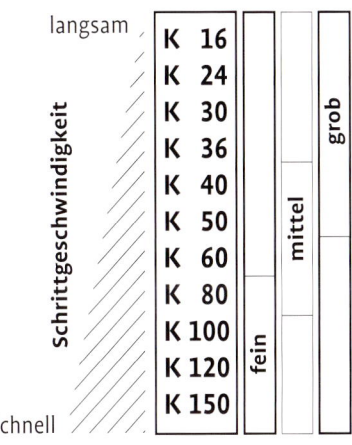

Ganz links:
Schleifdruckverteilung

Schrittgeschwindigkeit

Feinschliff → Optik	Vorschliff → Ebenheit

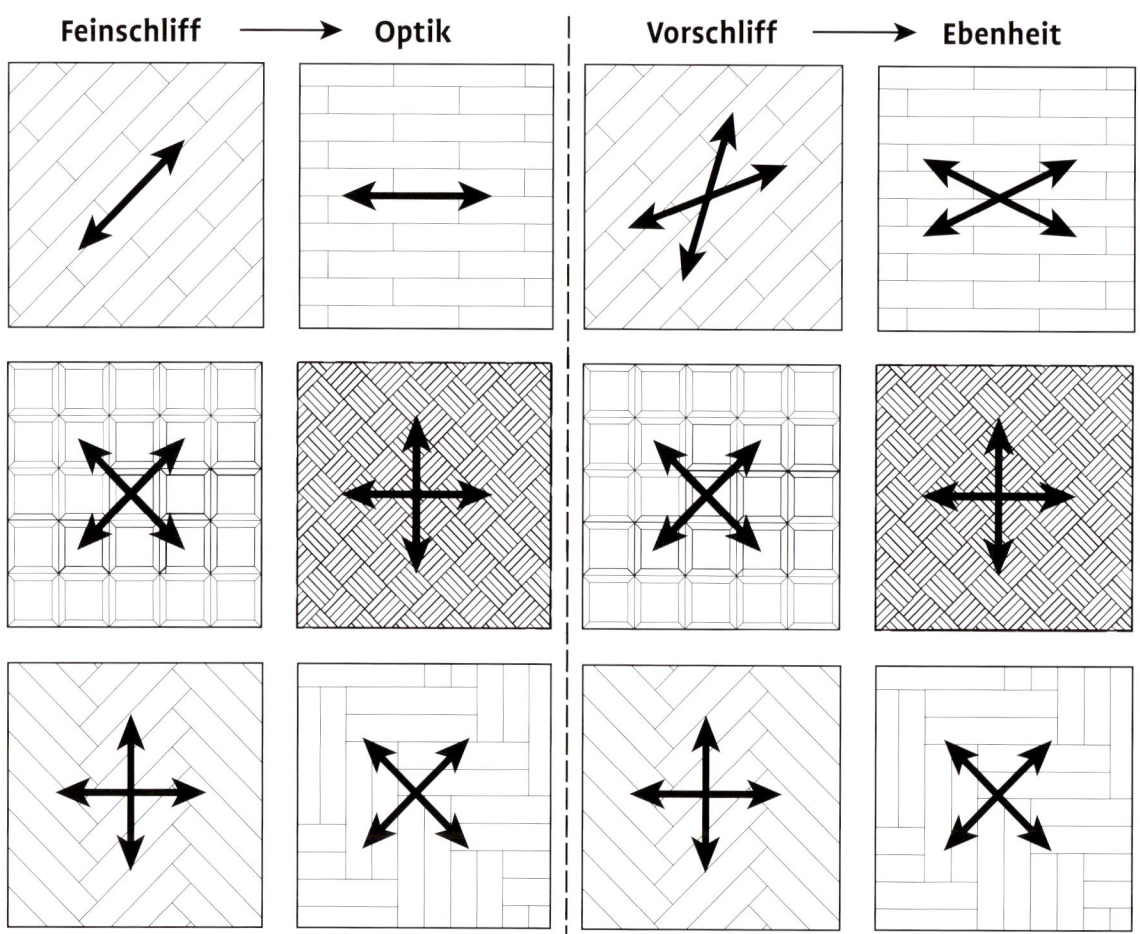

Schleifrichtungen

Arbeiten auch darauf, dass Sie den Vorwärts- und Rückwärtsschritt über die gesamte Fläche im gleichen Arbeitstempo durchführen, um unterschiedlich starken Abtrag zu verhindern. Bei einem Richtungswechsel muss die Schleifwalze rechtzeitig vorm Ende der Schleifbahn vom Boden abgehoben werden, um zu verhindern, dass sich die Walze am Ende zu stark in den Boden einschleift.

Auch kann man den **Schleifdruck** der Walze verändern. Der Schleifdruck sollte der Körnung angepasst werden und bei feiner werdender Körnung auch geringer ausgewählt werden. Die Schrittgeschwindigkeit sollte sich dazu umgekehrt verhalten und von grober zu feiner Körnung gesteigert werden.

Wichtig ist auch die Schleifrichtung in Bezug auf die Verlegearten. Bei **Mosaikparkett** müssen alle Schleifvorgänge in einem Winkel von 45° zur Verlegerichtung durchgeführt werden, um das Ausschleifen von weicheren Hölzern zu verhindern.

Bei **Stabparkett** bzw. **Dielenböden** müssen die Schleifvorgänge mit Ausnahme des Feinschliffs unter einem Winkel von 7–15° ausgeführt werden. Ausnahme sind in sich stark verzogene Dielenböden mit starken Höhenunterschieden. Hier sollte der erste Arbeitsgang mit der Holzmaserrichtung durchgeführt werden, um die Unebenheiten grob zu egalisieren. Danach wird auch hier unter Einhaltung des Winkels von

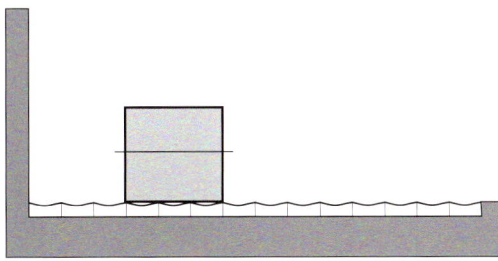

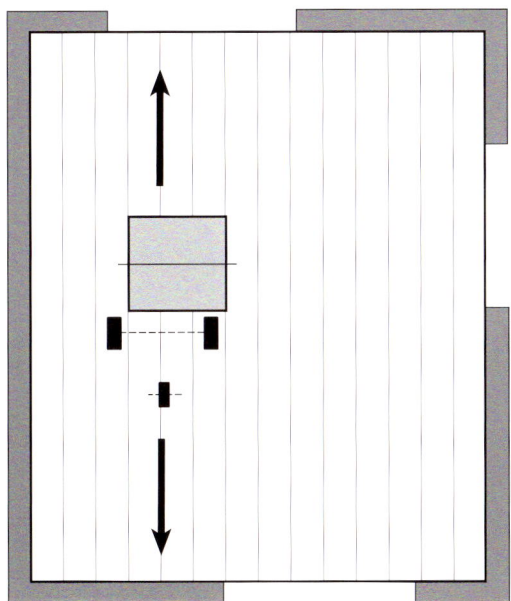

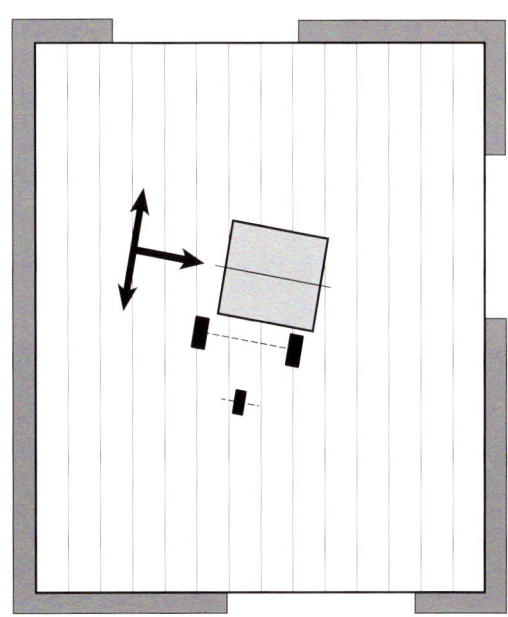

7–15° geschliffen. Der Feinschliff wird dann in Richtung der Holzmaserung durchgeführt.

Ich empfehle, den Feinschliff mit der Dreischeibenmaschine Trio
durchzuführen. Auch bei leichten Verschmutzungen und wenn die
Körnung nicht gröber als K40 gewählt werden muss, ist das Arbeiten
mit der Trio für einen Nicht-Fachmann wesentlich einfacher und die
Gefahr einer Riefenbildung ist geringer, da sich die Maschine auch mal
kleineren Unebenheiten anpasst. Außerdem ist bei der Trio keine
Schleifrichtung zu beachten. Es kann also in alle Richtungen geschliffen werden, ohne auf die Verlegart zu achten.

Grobschliff mit K40 oder K50 kann somit problemlos durchgeführt
werden, um z.B. einen Boden abzuschleifen und ihn neu zu versiegeln.
Beim Feinschliff mit der Trio beginnt man mit Schleifpapier der Körnung 60 und endet je nach gewünschter Oberflächengüte bei Körnung
100 oder 120. Aufgrund des Aufbaues der Trio ist die erzielte Oberfläche um ein vielfaches feiner als mit einer Walzen- oder Bandschleifmaschine bei Verwendung derselben Körnung.

Zusätzlich benötigt man auf jeden Fall eine Randschleifmaschine, da
keine der sonst benötigten Schleifmaschinen bis an den Rand kommt.
Die Randschleifmaschine führt man im Uhrzeigersinn mit kreisenden

Schleifrichtung Dielenboden

Schleifrichtungen

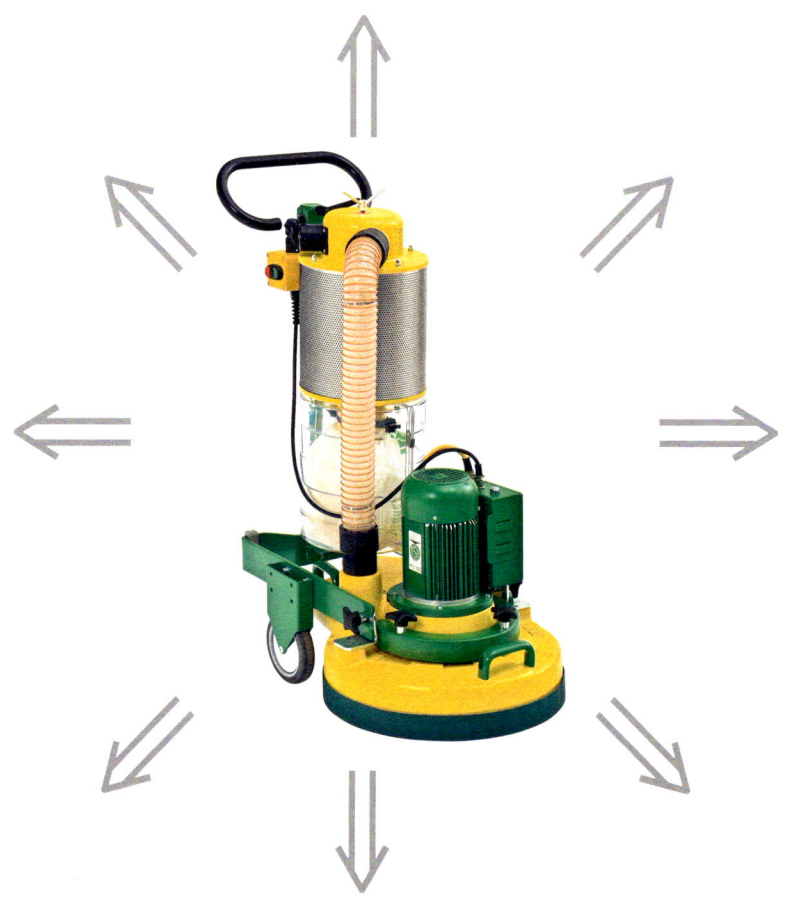

Bewegungen am Rand entlang. Die Maschine darf nicht mit zusätzlichem Druck geführt werden, da daraus ein Drehzahlabfall folgt, welcher zu einem schlechteren Schliffbild, Brandspuren und einer unnötigen Belastung der Maschine führt. Für das Schleifen der Ränder gelten dieselben Regeln wie beim Schleifen der Fläche. Man beginnt mit demselben Schleifmittel und Korn wie bei der Hauptschleifmaschine und arbeitet sich in denselben Stufen an das Endergebnis heran.

Vor dem letzten Schliff werden die Risse und Fugen geschlossen, welche kleiner als 1 mm sind. Diese kann man mit handelsüblichen Füllstoffen, passende sind im Fachhandel zu besorgen, problemlos schließen. Sie werden mit einer rostfreien Stahlspachtel gleichmäßig auf der Bodenfläche verteilt. Man kann auch den mit der Maschine aufgesammelten Schleifstaub verwenden und ihn dem Füllstoff beimischen. Der Füllstoff muss gut in die Fugen eindringen und alle Risse verschließen. Das senkt später auch den Verbrauch von Versiegelungslack. Am besten lässt sich der Füllstoff verteilen, wenn er nicht zu trocken sondern weich bzw. teigig ist.

Nun kann der letzte Schliff mit der feinsten Körnung zuerst mit der Trio- und dann mit der Randschleifmaschine erfolgen.

Nach dem letzten Schliff müssen folgende Punkte noch einmal genau

Randschleifmaschine

überprüft werden. Es dürfen jetzt keine Risse und Fugen mehr sichtbar sein, auch Oberflächenbeschädigungen und kleinere Schleifspuren darf man nicht mehr sehen, da diese durch die nun folgende Versiegelung stärker sichtbar werden können. Am besten erkennt man solche Spuren durch eine künstliche Lichtquelle. Die Oberfläche muss peinlichst genau abgesaugt werden. Es dürfen sich vor der Versiegelung des Bodens keine Staub- oder andere Partikel oder Späne mehr auf dem Boden befinden. Ebenso dürfen sich auf der Oberfläche keine Verunreinigungen wie z.B. Öle, Fette, silikonhaltige Dichtstoffe, Reinigungsmittel etc. mehr befinden. Nun kann die Versiegelung nach den Herstellerangaben aufgebracht werden. Dies geschieht i.d.R. mit einer Rolle, Spachtel oder Streichbürste. Zuerst sollte man die Ränder versiegeln und dann die Fläche. Hier beginnt man mit der Seite des Lichteinfalls und arbeitet sich weg vom Licht auf den Ausgang zu. Diese Arbeitsweise hat den Vorteil, dass man die Fläche während der Arbeiten besser beobachten und Fehler sofort ausbessern kann. Nun die Oberfläche, so gut es geht geschützt gegen Sonneneinstrahlung und Staub, nach den Herstellerangaben trocknen lassen.

Danach mit einer feinen Körnung, normalerweise K120, den Lackzwischenschliff mit der Randschleifmaschine und der Trio durchführen. Wichtig ist dabei, hier ein neues Schleifmittel zu verwenden, da das

> **Tipp!**
>
> Ein peinlich genaues Absaugen des Bodens ist vor allem zwischen den Feinschleifvorgängen wichtig, um kleine Kratzer durch Staub oder andere Partikel auszuschließen, welche man bei der Versiegelung sehen würde

Laufrichtung
beim Aufbringen des Öls

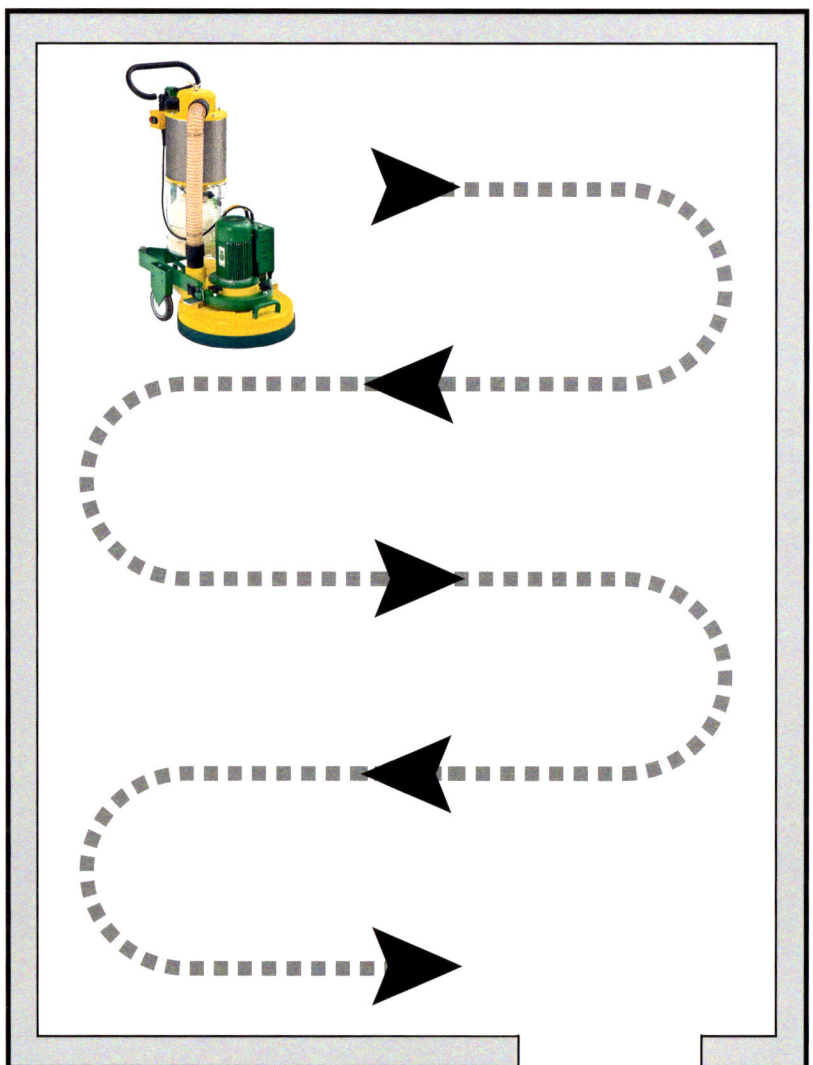

Korn möglichst scharf sein muss, um die nun durch aufstehende Holzfasern rau gewordene Oberfläche zu glätten. Die Maschine muss nun
in schnellen Bewegungen und mit geringstem Schleifdruck (Zusatz-
gewicht entfernen) über die Oberfläche geführt werden, da jetzt nur
noch die aufgestellten Holzfasern abgeschliffen werden sollen, aber ein
Durchschleifen des Lackes vermieden werden muss. Nach dem Fein-
schleifvorgang den Boden wieder restlos vom Staub befreien und darauf achten, dass während der Reinigung kein Staub aufgewirbelt wird,
der sich sonst wieder auf den Boden setzen und zu Staubeinschlüssen
im Lack führen würde. Nun die zweite Schicht Versiegelungslack nach
den Herstellerangaben aufbringen.
Wenn Sie Ihren Boden lieber **Ölen oder Wachsen** wollen, können Sie
diese mit der Trio oder einer Poliermaschine einarbeiten. Nach dem
letzten Feinschliff bringen Sie das Öl nach Herstellerangaben auf dem
Boden auf und arbeiten es mit einem geeignet Bürstenteller ein. Die
Maschine und ihre Laufräder vor diesem Arbeitsgang gründlich absau-
gen und reinigen. Zur Vermeidung von Radspuren mit der Maschine

nur rückwärts, vorzugsweise in Schlangenlinien von einem Raum zum anderen arbeiten.

Genauso mit der zweiten Ölschicht und einer eventuellen letzten schützenden Wachsschicht verfahren. Die Trocknungszeiten zwischen den Arbeitsgängen unbedingt einhalten.

Nach dem letzten Trocknen (lieber zu lange warten als zu kurz) können Sie sich des „neuen" Bodens erfreuen. Pflegen und schützen Sie ihren neu überarbeiteten Boden, indem Sie ihn in regelmäßigen Abständen mit geeigneten Pflegemitteln behandeln und Sie haben wieder sehr lange Freude mit Ihrem neuen alten Boden.

Fertig aufbereiteter Parkettboden

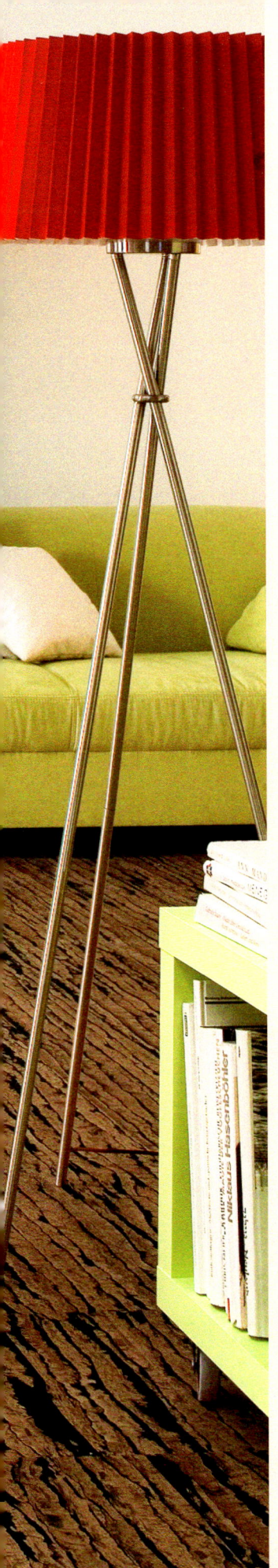

Service

Bezugsquellen und Links

Wo erhalte ich gutes Parkett?
Infos erhalten sie unter HARO www.haro.de

Wo kann man Geräte mieten?
In ausgesuchten Fach- und Baumärkten, sowie beim örtlichen Maschinenverleiher

Wie heißen geeignete Geräte und Werkzeuge und wo bekomme ich sie?
Infos z. B. unter www.bosch-pt.de und in Bau- und Fachmärkten
Für Parkettschleifmaschinen unter www.laegler.com

Wo gibt es Parkettverlegekurse?
DIY academy www.diy-academy.eu

Bildquellen

Titelbild:
oben: HARO-Hamberger Flooring
GmbH & Co. KG
unten: Werksbild Bosch

alfer®aluminium GmbH: Abb. Seite 46
Baumeister, Werner, Stuttgart: Abb.
Seite 22 (1–4), 23 unten (5, 6, und 8),
28 unten, 41 unten, 43 oben, 47 oben
und unten, 48 oben und unten, 49 oben
und unten, 50 unten, 52, 53, 56 unten,
57 unten, 59 oben, 73 alle

Eugen Lägler GmbH: Seite 13 links und
rechts, 65, 70, 74, 80, 81, 82, 83

Haro, Hamberger Flooring: Abb. Seite 2, 8,
10, 11, 15 rechts, 16 unten links, 17 unten
rechts, 18 links, 20, 26 links und rechts,
39 unten links und rechts, 40, 61, 64, 66,
68 oben, 69, 85

iStockphoto/Georges Mauger: Seite 15 links
iStockphoto/AVTG: Seite 16 oben rechts
iStockphoto/ooyoo: Seite 16 unten rechts
iStockphoto/Michael Hieber: Seite 18 rechts

Pirc, Helmut, Wien: Seite 17 oben links
und unten links

Piestricov, Artur, Stuttgart: Seite 38,
39 oben, 62, 77 alle, 78, 79, 80, 82

Robert-Bosch GmbH: Seite 5 rechts, 23 (1,
2, 3, 7), 24, 25, 28 oben, 45 links, 51 oben

alle anderen Fotos stammen vom Autor

Sachregister

**Bibliografische Information der Deutschen
Nationalbibliothek**
Die Deutsche Nationalbibliothek verzeichnet diese
Publikation in der Deutschen Nationalbibliografie;
detaillierte bibliografische Daten sind im Internet über
http://dnb.d-nb.de abrufbar.

© 2011 Eugen Ulmer KG
Wollgrasweg 41, 70599 Stuttgart (Hohenheim)
E-Mail: info@ulmer.de
Internet: www.ulmer.de
Lektorat: Werner Baumeister
Herstellung: Gabriele Wieczorek
Umschlagentwurf: Atelier Reichert, Stuttgart
Satz: r&p digitale medien, Echterdingen
Druck und Bindung: Firmengruppe APPL, aprinta druck,
Wemding
Printed in Germany

ISBN 978-3-8001-7551-2

Sägen, bauen, spielen

- Alles zu Werkstatt und Werkzeugen
- Beschaffung von Holz und Farben
- Bauanleitungen und Bastelgrundlagen

Muldenkipper, Gabelstapler und Straßenwalze – so können Kinder zwischen 6 und 12 Jahren Holzspielzeug selbst herstellen. Eltern dürfen natürlich tatkräftig mithelfen! Die Projekte sind in Schwierigkeitsgrade eingeteilt, Stücklisten und Teileübersichten stellen sicher, dass alles planmäßig funktioniert.

Wir basteln Holzspielzeug.

Fahrzeuge. M. Kern. 2009. 96 S., 194 Farbf., geb. ISBN 978-3-8001-5748-8.

Ganz nah dran.

150 Hölzer in Wort und Bild

- Alles Wissenswerte zu den weltweit wichtigsten Holzarten
- Passende Holzarten für jeden Bedarf
- Übersichtskarten mit der natürlichen Verbreitung der Hölzer

Dieser Atlas beinhaltet alles Wichtige, was Sie für ein fachgerechtes Arbeiten mit Holz benötigen. Er gibt Anleitungen zur jeweiligen Verarbeitung und erörtert alle wichtigen Details zur betreffenden Holzart: Wachstum des Baumes, Aussehen, Eigenschaften, Nutzen und Verwendung.

Atlas der Holzarten.

50 Hölzer in Wort und Bild. A. Walker. 2010. 192 S., 2. Auflage, 276 Farbfotos u. Zeichn., 150 Karten u. Tab., geb. ISBN 978-3-8001-5963-5.

www.ulmer.de

Das Handbuch für alle Holzwerker

- Hilft, die Holzwerkstatt besser zu organisieren
- Hilft, Geld, Zeit und Arbeit einzusparen
- Unfälle zu vermeiden

Dieses Buch zeigt Ihnen die besten Tipps und Tricks für Hobbyschreiner, egal ob Sie lieber Fräsen, Drehen, Schnitzen oder einfach nur schöne oder praktische Werkstücke bauen wollen. Jeder, der mit Holz arbeitet, findet hier praxisbewährte Ideen für die Arbeit in der Werkstatt.

500 Tipps und Tricks für Hobbyschreiner.

S. Lawson (Hrsg.) . 2008. 256 S., 507 Farbfotos und -zeichnungen, geb. ISBN 978-3-8001-5731-0.

Ganz nah dran.

Schöne Formen selber drechseln

- Alle Frästechniken Schritt für Schritt
- Auswahl von Werkzeugen, Drechselbank und Holz
- Einfache Projekte zum Selbermachen

Kernidee sind die „Gesetze des Drechseln", sechs leicht einprägsame Regeln. Holzauswahl, Werkzeuge, Lang- und Querholzdrechseln, verschiedene Bohr- und Frästechniken sowie die Oberflächenbehandlung werden ausführlich erläutert.

Grundkurs Drechseln.

K. Rowley. 2., korrigierte Aufl. 2006. 178 S., 275 Farbf., 65 sw-Zeichn., geb. ISBN 978-3-8001-5169-1.